重庆市社科规划青年项目"精准扶贫背景下连片特困地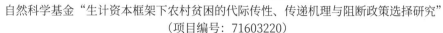
　　　　（项目编号：2017QNJY28）
重庆市教育科学规划重点项目"教育扶贫的绩效评
　　　　（项目编号：2017-GX123）
自然科学基金"生计资本框架下农村贫困的代际传性、传递机理与阻断政策选择研究"
　　　　（项目编号：71603220）
教育部人文社科青年基金项目"教育可得性对农村贫困代际传递影响效应研究：
　　作用机理、综合测度与政策选择"（项目编号：16XJC790004）

Study on education and income increase of rural residents:
Based on the perspective of
professional competence improvement

教育与农村居民增收研究
——基于职业能力提升的视角

吴振华／著

中国财经出版传媒集团
经济科学出版社
Economic Science Press

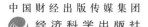

图书在版编目（CIP）数据

教育与农村居民增收研究：基于职业能力提升的视角/吴振华著 . —北京：经济科学出版社，2019.6
ISBN 978 - 7 - 5218 - 0474 - 4

Ⅰ.①教… Ⅱ.①吴… Ⅲ.①教育制度 - 关系 - 农民收入 - 收入增长 - 研究 - 中国 Ⅳ.①G522②F323.8

中国版本图书馆 CIP 数据核字（2019）第 074527 号

责任编辑：谭志军 李 军
责任校对：刘 昕
责任印制：李 鹏

教育与农村居民增收研究
——基于职业能力提升的视角

吴振华 著

经济科学出版社出版、发行 新华书店经销
社址：北京市海淀区阜成路甲 28 号 邮编：100142
总编部电话：010 - 88191217 发行部电话：010 - 88191522
网址：www. esp. com. cn
电子邮箱：esp@ esp. com. cn
天猫网店：经济科学出版社旗舰店
网址：http://jjkxcbs. tmall. com
固安华明印业有限公司印装
710 × 1000 16 开 12.25 印张 200000 字
2019 年 6 月第 1 版 2019 年 6 月第 1 次印刷
ISBN 978 - 7 - 5218 - 0474 - 4 定价：48.00 元
（图书出现印装问题，本社负责调换。电话：010 - 88191510）
（版权所有 侵权必究 打击盗版 举报热线：010 - 88191661
QQ：2242791300 营销中心电话：010 - 88191537
电子邮箱：dbts@ esp. com. cn）

前　言

教育作为人力资本投资的重要形式对个人能力的提升具有促进作用，其通过生产功能、要素配置功能及信号功能提升个人获得收入的能力，对个体收入具有显著的促进作用，也被农村居民视为提高收入的长效途径。那么教育影响农村居民收入变化的核心路径是什么？如何通过这一路径影响农村居民收入的变化？这一系列问题的研究是从教育的视角研究农村居民增收问题的核心。本书立足于农村居民收入增长乏力、缺乏稳定性且面临更为激烈的竞争环境和更强的知识技术约束的现实背景，以农村居民职业能力提升为视角，以"教育提升——职业能力提升——收入增加"为逻辑思路，从教育维度研究农村居民增收问题。

一、主要研究内容

为完成拟定的研究目标，本书的研究内容集中在以下几方面：

第一，农村居民收入、职业变迁与教育发展的基本情况。研究农村居民收入、职业变迁及受教育的基本现实情况，为从教育维度研究农村地区增收问题提供研究基础。一是从收入水平、收入结构、收入获得途径等维度研究农村居民收入变迁的轨迹，为深入分析农村居民增收困难及增收不稳定问题提供研究基础和思路；二是从职业类别、职业分化等维度研究农村居民职业变迁的特征，并从职业能力的两个方面对农村居民职业能力情况进行评估，为从职业能力提升的视角研究农村居民增收问题提供研究基础；三是从受教育水平、教育结构、教育可得性等维度研究农村居民受教育情况，为从教育维度研究该地区农村居民增收问题提供研究基础。

第二，教育、职业能力与农村居民增收的作用机制。教育是人力资本的重要组成部分，是农村居民职业能力提升的重要影响因素，教育如何通过职业能力影响农村居民收入？影响程度有多大？职业能力的中介作用如何？这些是研究这一问题的关键，因此以职业能力框架为基础，从职业选择能力、职业技术能力两个方面分别分析教育如何通过作用职业能力影响收入的增加，从而厘清教育、职业能力与农村居民增收之间的关系，揭示教育对农村居民增收的作用机制。一方面，职业选择能力是决定农村居民获得高收入职业以及抵抗职业风险的关键因素，以职业选择能力决定的内生机制为基础，从教育的信号、筛选功能及生产能力功能分析教育通过作用农村居民职业选择能力影响农村居民增收的作用机制，通过构建衡量职业选择能力的指标体系，利用相关数据及中介效应模型、动态面板数据模型量化分析教育资本产生的职业选择能力效应、职业选择能力在教育影响农村居民增收中的中介效应，以及教育水平的收入效应；另一方面，职业技术能力是农村居民在既定职业领域获得收入的保证，以职业技术能力决定的内生机制为基础，教育的信号、筛选功能及生产能力功能分析教育通过作用农村居民职业技术能力影响农村居民增收的作用机制，通过构建衡量职业技术能力的指标体系，利用相关数据及中介效应模型、动态面板数据模型量化分析教育资本产生的职业技术能力效应、职业技术能力在教育影响农村居民增收中的中介效应，以及教育水平的收入效应。

第三，农村居民收入增长的教育支持系统研究。农村居民收入的增长依托职业能力提升，如何提高农村居民的职业能力，农村居民所拥有的与之匹配的教育资本是关键因素。使农村居民拥有与职业能力提升所匹配的教育资本，农村居民教育供给的充足、教育供求的匹配、教育的可得是核心，因此从以下几方面分析该问题：一是以教育产品供给和需求的均衡分析框架为基础，构建满足农村居民职业发展需求的有效教育资本形成的机制，从教育产品的供给及需求主体的行为研究出发，以能够实现农村居民增收的职业能力为目标，以形成满足农村居民职业能力提升需求的教育资本为前提，从政府、家庭及社会组织三大主体构建农村居民增收的教育支持系统；二是从教育产品供给的充足性分析教育供给对职业能力提升的影响，以及对农村居民收入产生的影响，研究如何激励相关主体为农村居民提供充足的教育产品，为提高农村居民就业能力，增加收入提高充足的教育产品；三是从教育供求匹配的角度，分析教育供求的匹配对职业能力提升的影响，以及对农村居民收入产生的影响，研究如何激励相关主体提供与农村居民职业能力提升需求相匹配，与农村居民职业均衡发展相一致的教育产品，为农村居民通过教育资本实现收入增长提供教育产品供给支持；四是从教育产品的提供及配置方式的角度分析了教育可得对职业能力提升的影响，以及对农村居民收入产生的影响，研究如何激励相关主体使教育产品对农村居民可得形成支撑职业能力提升的教育资本支持，使农村居民持续增收成为可能。

第四，教育支持保障农村居民增收的政策建议。基于"教育支持——职业能力提升——收入增加"这一逻辑，从有效教育资本形成的教育产品的供求两方面出发，从外部环境的完善及内部机制的有效运行，构建农村居民增收的教育支持方案，为农村居民持续稳定增收提供可参考的建议。

二、研究结论

通过理论分析和实证研究，得出以下四条结论：

第一，具有较强职业能力的农村居民收入更高。职业选择能力和职业技术能力的提升对农村居民收入的提高均有正向影响，职业选择能力对收入的正向影响具有显著的群体差异性，职业选择能力对 1980 年前出生的农村居民、东部地区的农村居民以及农村少数民族居民收入提高的作用更为显著。但职业技术能力对收入的正向影响未表现显著的群体差异性。职业选择能力的提升不仅可以增强农村居民进入较为优质的劳动力市场的竞争力，而且使其由被动选择转化为主动选择，提高职业选择的有效性，为职业发展奠定基础，从而为收入的增长提供保障。职业技术能力的提升不仅是收入获得和增长的基础，也是职业发展的保障。因此，在农村居民职业选择及技术能力都比较薄弱的背景下，一方面应该提供农村居民提升其职业选择及技术能力的多元化途径，另一方面要降低其职业能力提升的内在约束，使农村居民既要主动提升其职业能力，又要具备可实现的主客观条件。

第二，具有较高教育水平的农村居民职业能力更强。教育水平的提升对农村居民职业选择能力提高有显著的促进作用，但对农村居民职业技术能力的提升并未表现显著和稳定的影响。教育资本对农村居民职业选择能力的正向影响具有显著的群体差异性，初中阶段受教育层次对 1980 年后出生的农村居民职业选择能力的正向影响更为显著，高中阶段受教育层次对东部地区农村居民及农村男性居民的正向影响更为显著，大专及以上受教育层次对 1980 年前出生的农村居民及农村少数民族居民的正向影响更为显著。教育资本的提升可以提高农村居民职业选择能力和职业技术能力，但由于农村居民接受的教育层次较低，职业导向性较弱，专业技能性差，使教育资本对农村职业技术能力的提升作用不明显。因此，在农村居民教育资本水平较低，质量不高的背景下，一方面应该从教育资源供给和获得的两个层次上为农村居民受教育水平的提高提供保障，另一方面也要提高农村居民受教育的质量，提高其所受教育的职业导向性，强化农村居民教育的生产性功能。

第三，职业选择能力提升是教育促进农村居民收入增长的有效路径。农村居民教育水平的提升通过提高其职业选择能力促进收入的增长，初中及以上教育均会降低无工作和务农的可能性，初中及高中教育会显著提高在私企或民营企业工作的可能性，而大专及以上教育会显著提高在事业或集体和国有企业工作的可能性，因此可以通过提升农村居民受教育层次，尤其是高中及以上受教育层次，来提高其职业选择能力，促进农村劳动力的自由流动，进入更优的劳动力市场。但教育层次的提高并未显著提高农村居民职业技术能力，一方面由于农村居民总体受教育层次较低，造成其并未表现显著的职业技术提升效益；另一方面农村居民所受教育的职业技术提升导向性较弱，教育市场与产业结构、劳动力市场结构的契合度较低。因此在大力提高农村居民教育供给和可得水平以提升农村居民受教育水平增强职业选择能力的同时，也应该结合产业及劳动力市场结构，优化农村居民教育的供给结构，使农村市场教育的供给结构更好地与劳动力市场结构及产业结构动态契合，才能从根本上提升教育对农村居民增收的促进作用。

第四，农村居民收入水平持续稳定的提升，必须以教育水平的提升为导向，以职业能力的提升为路径，构建政府、家庭及社会组织三位一体的教育支持的增收系统是关键。首先，政府应为巩固和提高农村教育水平特别是农村非义务教育的发展提供有力的资金和政策支持，营造支持农村教育发展的社会环境，形成支持农村教育发展的长效机制；其次，通过建立统一、开放的劳动力市场环境和公平的教育环境，提升教育的就业促进作用及阶层向上流动作用，调动农村家庭教育投资的积极性，进行家庭教育投资的制度创新，实现教育融资渠道的多元化，增强农村家庭的教育投资能力；最后，营造优惠的政策环境、公平的竞争环境及有序的发展环境，推动社会组织积极促进农村教育事业的发展。

三、创新点

第一，研究视角的创新：以农村居民职业能力提升为研究视角，以职业能力提升的两个重要维度——职业选择能力、职业技术能力为内容，从静态和动态、微观和宏观的视角构建职业能力的概念框架，并以此为基础分析教育如何提高农村居民的职业能力来实现收入的持续稳定增长，为农村居民增收提供教育支持方案。

第二，研究内容的创新：以"教育提升——职业能力提升——农村居民增收"为研究思路，以农村居民职业能力提升为切入点，研究教育对农村居民增收的作用机制及影响程度，并研究如何通过教育支持，实现农村居民持续稳定增收。

目　录

第 1 章

引　言

1.1　研究问题与意义

1.1.1　研究问题

随着经济的发展，农村居民收入总量呈快速增长的趋势，且增长速度自 2010 年以来都高于城镇居民，从而使城乡收入差距逐步缩小，但从收入总体水平和增长速度来看，农村居民收入水平仍然处于较低的层次，且增长缺乏稳定性，这成为制约农村居民生活水平提高、农村经济发展的瓶颈。

随着经济发展进入新常态，经济增长速度、经济结构，经济增长动力都会发生改变，经济环境的变化势必会使农村居民增收面临新的挑战。农村居民收入主要来源于劳动力作为生产要素投入使用，从目前农村居民的生计模式及收入获得途径来看，存在三种职业选择，一是外出务工，实现非农就业；二是在家务农，实现农业内就业；三是回乡创业，自我雇佣。从农村居民的第一种职业选择来看，其密集从事的制造业及服务业在经济新常态背景下，面临着结构性的调整和发展方式的转型。服务业由传统、消费服务向现代、生产服务转变，其尽管对劳动力的需求将会扩大，但是对劳动力基本素质技能的要求不断提高；制造业与现代信息技术的深度融合，一方面产生技术替代简单劳动，使简单劳动力的吸纳能力收缩，另一方面对就业者的人力资本水平提出更高的要求。从第二种职业选择来看，当前农业发展面临农产品价格"天花板"、成本"地板"、资源环境"红灯"以及农业生产和价格补贴

"黄线"的多重挤压和约束，要使农业成为农村居民解决生存和发展的依靠，必须转变农业发展方式，提升农业的质量和效益，这一方式的转变，必然对农业从业者的自身经营管理及技能水平提出新的要求，需要从业者有更高的综合能力突破环境约束，解决生存和发展需要。从第三种职业选择来看，在"四化"背景下，农村居民回乡创业不仅需要具备一定的资金支持，更需要的是创新思维和对市场的综合判定能力。因此在新常态背景下，农村居民不管选择何种职业作为收入的来源，都将面临更激烈的竞争环境和更强的知识技术约束。

在经济新常态背景下，以内生经济增长理论为依据，提高农村居民的人力资本水平是实现农村居民收入水平提高，构建持续稳定增收长效机制的基础。教育提升的支撑体系的构建是实现农村居民持续稳定增收的有效途径，也是突破农村居民增收难题的现实需要。因此，基于以上背景进行如下问题的研究：

（1）教育通过职业能力而影响农村居民增收的机制。对这一问题的研究，需厘清教育通过职业能力影响农村居民增收的内在逻辑思路，教育在其中的作用如何，农村居民职业能力在其中的中介作用如何。

（2）教育提升实现农村居民持续稳定增收的内在运行机制。对这一问题的研究，需要厘清要实现农村居民持续稳定增收，教育提升的直接目标是什么，以及为达到这些目标应该对相关行为主体进行怎么样的激励。

（3）教育提升实现农村居民增收的具体方案。对这一问题的研究，需要弄清楚，如何通过外部环境的完善及内部机制的有效运行来促进农村居民受教育水平的提升，从而实现收入持续稳定增长的目标。

1.1.2 研究意义

以农村居民职业能力提升为研究切入点，研究如何通过教育提升实现农村居民增收，如果研究目标得以完成，将具有以下理论和现实意义：

（1）理论意义。一是从农村居民职业能力的两个维度，即职业选择能力与职业技术能力，以微观和宏观及静态和动态的视角构建农村居民职业能力的概念框架，并以此为基础，分析教育通过职业能力影响农村居民增收的机制，为研究农村居民通过职业能力提升实现增收问题提供完善的分析框架和理论支撑，同时也为研究与之相关的问题提供理论参考；二是以农村居民增收面临的知识技术约束为背景，构建农村居民增收的教育支撑体系，为农村居民增收教育支撑方案的提出提供完善的分析框架，为从根本上解决农村居民增收问题提供理论参考。

（2）现实意义。一是以职业能力为中介变量，研究教育影响农村居民收入的运行机制，能够从本质上认清农村居民增收困难且不稳定的根源，为解决农村居民增收中存在的问题提供清晰的思路；二是通过对教育、职业能力、农村居民增收之间作用机制及影响程度的研究，能够准确判断农村居民增收困难且不稳定的关键性影响因素，为解决这一问题，提供有效的解决方法；三是以教育通过职业能力影响农村居民收入的运行机制为基础，从教育供求的相关行为主体出发，构架农村居民增收的教育支持体统，为从根本上解决农村居民增收问题提供具体方案。

1.2　文献综述

教育作为人力资本投资的重要形式对个人能力提升具有促进作用。纳尔逊和菲尔普斯（Nelson & Phel，1966）认为教育能够提高个人适应环境和从事不同工作的能力；舒尔茨（Schultz，1975）、法恩（Fane，1975）、杨（Yang，2002）认为教育能提高识别和解释市场信息、优化要素配置决策的能力；李锋亮与陈晓宇（2008）、龙翠红（2012）认为教育不仅具有促进劳动者生产效率的生产功能，还具有反映劳动者生产效率的信息功能。教育通过生产功能、要素配置功能及信号功能提升个人获得收入的能力，对个体收入具有显著的促进作用。因此，教育成为研究收入增长的核心要素，舒尔茨（Schultz，1963）、阿德尔曼和莫里斯（Adelman & Morris，1973）、蒂拉克（Tilak，1989）、孙志军（2004）、方宇惟与李绍荣（2013）、白雪梅与李莹（2014）等人研究认为教育对居民收入增加具有显著影响。

农村居民收入水平虽然在不断提高，但增收缺乏稳定性，且不具持续性。农村居民如何持续稳定增收是各级政府面临的一个亟待解决的重要问题，该问题的解决不仅关系到农村经济的发展，也是扩大内需，经济持续稳定发展的条件，更是实现全社会和谐的关键所在。针对这一问题学者们从多个视角进行了研究，教育作为收入变化的内生因素，其与农村居民收入增长之间的关系，成为研究的热点。已有研究主要从如下几方面进行了探索：一是对教育影响农村居民收入的基本判断。白菊红（2003）、张茜（2007）、杨（Yang，2004）、徐辉与黎东升（2011）等人利用中国的数据研究认为教育不仅可以提高农村居民的非农收入，也可以提高其农业收入；里尔顿、贝德盖和埃斯科瓦尔（Reardon，Berdegué & Escobar，2001）、山口等（Yamauchi et al.，2011）、乔利夫（Jolliffe，2004）、埃斯科巴尔（Escobal，2001）、迪亚兹（Díaz，2010）、帕尔曼（Parman，2012）等人利用其他国家数据研究认为教育在提升农民非农收入方面具有十分重要的作用；二是对教育影响农村居民收入作用机制的研究。林毅夫（1994）、李宝元（2000）等人认为教育可以促进经济发展进而促进农村居民增收；周其仁（1997）、赖德胜（2000）、拉兹洛（Laszlo，2008）、张务伟、张福明与杨学成（2011）、曾旭晖与郑莉（2016）等人认为教育利于劳动力的自由流动，提高了获得就业的机会，利于农村居民提高收入；法恩（Fane，1975）、贾米森和刘（Jamison & Lau，1982）、霍夫曼（Huffman，1980）、杨和安（Yang & An，1997）、龙翠红（2012）等人认为教育能有效提升农村居民个人的劳动生产率及资源配置效率，从而促进收入增长；三是对教育影响农村居民收入异质性的研究。已有研究从微观层面的性别、地区、各级教育、就业类型、收入阶层及宏观层面的经济环境、市场环境等因素进行了研究，杜赖萨米（Duraisamy，2002）、霍利（Hawley，2004）、沃伦斯里和麦克诺恩（Warunsiri & McNown，2010）等人利用其他国家数据研究认为教育对农村居民收入的影响具有显著的性别差异，对男性收入增加的促进作用大于女性；宋英杰（2010）、邢春冰、贾淑艳与李实（2013）研究认为教育对农村居民收入的影响具有显著的地区异质性，东部地区教育对农村居民收入的促进作用大于西部及中部地区；魏万青（2015）认为中等职业教育对农村居民收入增加的促进作用大于初中教育，但小于高中教育；黄斌与钟晓琳（2012）认为普通教育对农村居民增收的作用低于职业教育与培训；胡风霞、叶仁苏与陆军（2015）认为受过高中和大专及以上教育的农村居民其正规就业收入明显高于非正规就业的收入；张车伟

（2006）认为教育对农村居民高收入者的影响大于低收入者；李和张（Li &
Zhang，1998）、温特斯等（Winters et al.，2009）、刘中文与李录堂（2010）
认为随着经济发展水平的提高，教育对农村居民增收的作用增加。张、黄、
罗泽勒（Zhang，Huang & Rozelle，2002）、拉斯洛（Laszlo，2008）认为劳动
力市场越完善，教育对农村居民收入增加的促进作用越大。

　　20 世纪 90 年代以来，农村劳动力从土地中释放出来，农村居民的职业开
始分化，其职业结构从单一的农业职业向非农职业转换，随着工业化、城镇
化和农业现代化的深入发展，农村居民职业分化的广度和深度进一步强化，
其收入也随之发生了较大的变化，不仅在不同职业间存在较大的收入差别，
而且由于存在职业技术能力的差异也会使具有相同职业的农村居民间存在较
大的收入差别，因此在职业分化不断强化的背景下，农村居民职业选择能力
和职业技术能力是决定其收入的重要因素，而教育是这两种职业能力提升的
有效手段。教育是否能通过提升农村居民职业能力促进其增收？职业能力在
其中的作用有多大？这些问题的回答不仅能进一步明确教育促进农村居民增
收的传导机制，而且能对通过发展教育实现农村居民增收提供发展方向。尽
管已有研究对教育和农村居民增收问题进行了大量研究，肯定了教育对农村
居民增收的促进作用，且从教育的配置功能、生产功能、信号功能研究了教
育影响农村居民收入的传导机制，但没有基于职业分化背景下，职业能力中
介作用的研究。基于这一研究空白，从职业能力提升的视角，研究教育对农
村居民增收的影响，以明晰教育是通过何种方式影响农村居民增收；职业选
择能力提升还是职业技术能力提升，或者两者都有；哪种能力更为重要；教
育通过职业技术能力提升对务农收入影响大还是对务工收入影响大；分别有
怎样的变化。

1.3　研究思路与方法

1.3.1　研究思路

以农村居民增收难，且增收不稳定及增收面临较强知识、技术约束为研

究背景，以职业能力提升为研究视角，从教育维度研究农村居民持续稳定增收的有效途径，具体研究思路如图 1.1 所示。

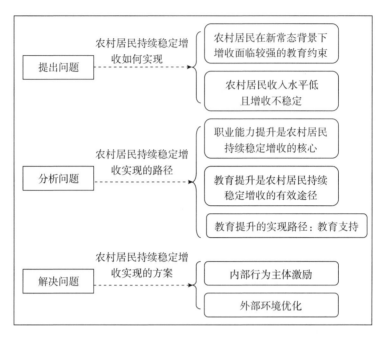

图 1.1 研究思路

1.3.2 研究方法

在总体上拟将综合运用多种研究方法和手段，定性分析方法与定量分析方法将综合运用，贯穿于本书。既强调理论框架与机制创新，又结合实际进行现状和对策研究，具体研究方法如下：

（1）文献比较研究及实地调查研究法：通过比较研究国内外有关文献，提出本书的研究视角；通过调查样本区农村居民增收、职业能力与教育支持的现状，论证本书的必要性。

（2）系统分析法：本书利用系统结构分析方法构建职业能力的概念框架，以及教育、职业能力与收入之间的作用机制。

（3）计量模型分析法：在探究教育、职业能力与收入之间的作用机理时，将采用数理经济学中模型推导方法，剖析三者之间关系时利用中介变量模型、动态面板数据模型。

（4）一般均衡分析法：本书利用一般均衡分析方法，从教育供求均衡的视角，以教育供求相关主体为依托，构建农村居民增收的教育支持系统。

1.4　主要研究贡献

本书的主要研究贡献主要有以下两点：

（1）以农村居民职业能力提升为研究视角，以职业能力提升的两个重要维度——职业选择能力、职业技术能力为内容，从静态和动态、微观和宏观的视角构建职业能力的概念框架，并以此为基础分析教育如何提高农村居民的职业能力来实现收入的持续稳定增长，为农村居民增收提供教育支持方案。

（2）以"教育提升——职业能力提升——农村居民增收"为研究思路，以农村居民职业能力提升为切入点，研究教育对农村居民增收的作用机制及影响程度，并研究如何通过教育支持，实现农村居民持续稳定增收。

第 2 章

农村教育发展、职业变迁与收入增长

2.1 农村教育发展

2.1.1 农村居民受教育水平的总体变化

改革开放 40 年来，我国农村教育事业取得了巨大发展与进步，农村教育的发展与农村教育政策的演进和变迁有紧密关系，因此以农村教育政策的演变和变迁为线索分析农村居民受教育水平的变化。农村教育政策的演变大致可以分为三个阶段，一是教育改革的准备阶段，二是教育改革的逐步推进阶段，三是教育改革的深化阶段，本书以此为背景将农村居民受教育水平的变化划分为三个阶段：

第一阶段（1978～1984 年）：低水平缓慢增长阶段。改革开放后，农村教育工作的重点是恢复正常的教育秩序，纠正单一的教育结构，建设中小学教师队伍，加强扫盲教育。1980 年中共中央、国务院作出《关于普及小学教育若干问题的决定》及 1983 年中共中央、国务院发布的《关于加强和改革农村学校教育若干问题的通知》使中小学教育成为农村教育发展的首要目标，推动了农村中小学教育的普及，为农村居民受教育水平的提升提供了强有力的政策保障。1980 年国务院批转教育部、国家劳动总局《关于中等教育结构改革的报告》及 1983 年中共中央、国务院发布的《关于加强和改革农村学校教育若干问题的通知》提出了改革农村中等教育结构，发展职业教育的目标，推动了农村中等教育结构的改革。1980 年教育部印发的《全国农民教育座谈会纪要》促进开展农业技术教育，加强对农民扫盲教育的推动，大大减少了农村文盲的比重。以上一系列政策的出台，在教育资源的供给、教育条件的提升、教育观念的改善等方面都起到了较大的积极作用，促进了农村居民教育水平的提高，但是由于农村教育基础薄弱，经济条件制约，导致这一时期农村教育资源仍然相对匮乏，农村居民教育负担较高，受教育的积极性不高，因此农村居民受教育水平有所提高但仍然处于较低水平。

第二阶段（1985～2002年）：低水平快速增长阶段。这一时期农村教育改革开启了教育管理体制和教育结构的改革，对农村教育发展提出了更高的要求。1985年《中共中央关于教育体制改革的决定》的颁布确立了基础教育由地方负责，分级管理的原则，将有步骤地实行九年制义务作为我国农村义务教育发展的新的政策目标。1986年出台了《中华人民共和国义务教育法》为我国农村有步骤实行九年义务教育提供了法律支持与保障。1987年发布了《国家教育委员会、财政部关于农村基础教育管理体制改革若干问题的意见》，科学地划分地方各级政府管理基础教育的职责权限。1994年国务院发布的《〈中国教育改革和发展纲要〉的实施意见》进一步强调了县级政府在组织义务教育方面负有筹措教育经费等责任，对农村基础教育管理体制改革产生了重要影响。2001年《国务院关于基础教育改革与发展的决定》及2002年国务院办公厅下发的《关于完善农村义务教育管理体制的通知》确定了"以县为主"的教育管理体制，规范了农村基础教育发展中的经费筹措方式，教育教学工作的管理体制。这一系列政策的实施不但使农村居民享有义务教育的权利，而且从法律、经济、制度上提供了多方位的保障，使农村居民受教育水平大幅提高，农村居民平均受教育年限提高到2002年的7.79年。

第三阶段（2003年至今）：增长的瓶颈阶段。2005年国务院发布了《关于深化农村义务教育经费保障机制改革的通知》，全部免除农村义务教育阶段学杂费，对贫困学生免费提供教科书并补助寄宿生生活费；提高农村义务教育阶段中小学公用经费保障水平；建立农村义务教育阶段中小学校舍维修改造长效机制；巩固和完善农村中小学教师工资保障机制。2006年新修订的《中华人民共和国义务教育法》进一步从法律层面建立了义务教育经费保障机制。2004～2018年连续15个中央1号文件强调重点发展农村职业教育，从对职业教育进行补贴的推广到职业教育免费政策的推进，大大促进了农村职业教育的发展。尽管这一时期，农村教育在政策支撑、法律保障等方面都有较大的支持力度，但由于我国农村教育整体基础薄弱，教育资源城乡配置差距显著，农村居民教育供给水平有较大提高，但供给质量不高，教育产品的供给结构与市场需求不匹配。因此，这一时期农村居民受教育水平增长乏力，平均受教育年限仍然不到9年，受教育层次仍然以初级教育为主（见图2-1）。

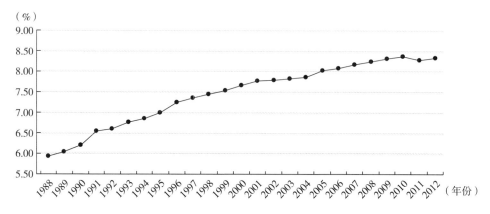

图2.1 农村居民人均受教育的总体变化

资料来源：历年《中国农村统计年鉴》。

2.1.2 农村居民受教育结构的变化

随着农村居民受教育水平和质量的提高，其受教育结构也发生了较大的变化。从农村居民受教育层次结构分析农村居民受教育结构的变化。

第一，初中以下受教育层次是农村居民受教育层次结构的主要构成部分，其比重尽管有所下降但仍保持较高的占比水平。农村居民初中以下受教育层次的占比水平从1988年的92.67%下降到2012年的84.4%，其中初中层次的占比从30.37%上升至2012年的53%，小学层次的占比从38.47%下降至26.1%，文盲层次的占比从23.83%下降至5.3%。

第二，农村居民高中以上受教育层次占比不断提高，但仍然处于较低水平。高中以上受教育层次占比从1988年的7.33%上升为2012年的15.6%，其中高中层次占比从1988年的6.84%提高至2012年的10%，大专以上层次的占比从1988年的7.33%上升至2012年的15.6%。

第三，农村居民中专及大专以上受教育层次不仅占比低且增长速度慢。1988～2012 年农村居民大专以上受教育层次的平均占比水平仅为 0.85%，即使 2012 年的占比达到最大值也仅为 2.9%，中专受教育层次的平均占比水平也仅为 1.66%，2012 年的占比也仅达到了 2.7%（见表 2.1）。

表 2.1		农村居民受教育结构的变化			（%）
年份	不识字或识字很少人数占比	小学程度人数占比	初中程度人数占比	高中程度人数占比	中专程度人数占比	大专以上人数占比
1988	23.83	38.47	30.37	6.84	0.41	0.08
1989	22.57	38.67	31.43	6.81	0.44	0.08
1990	20.73	38.86	32.84	6.96	0.51	0.10
1991	16.91	39.54	35.23	7.60	0.59	0.13
1992	16.20	39.05	36.21	7.82	0.60	0.12
1993	15.29	38.21	37.43	8.20	0.70	0.17
1994	14.68	37.19	38.59	8.51	0.82	0.21
1995	13.47	36.62	40.10	8.61	0.96	0.24
1996	11.23	35.52	42.83	8.91	1.2	0.31
1997	10.10	35.12	44.30	8.91	1.24	0.33
1998	9.56	34.49	44.98	9.15	1.46	0.36
1999	8.96	33.65	46.05	9.38	1.56	0.40
2000	8.09	32.22	48.07	9.31	1.83	0.48
2001	7.69	31.14	48.88	9.65	2.03	0.61
2002	7.59	30.63	49.33	9.81	2.08	0.56
2003	7.39	29.94	50.24	9.68	2.11	0.64
2004	7.46	29.20	50.38	10.05	2.14	0.77
2005	6.87	27.23	52.22	10.25	2.37	1.06
2006	6.65	26.37	52.81	10.52	2.40	1.25
2007	6.34	25.76	52.91	11.01	2.53	1.45
2008	6.10	25.30	52.80	11.40	2.70	1.70

年份	不识字或识字 很少人数占比	小学程度 人数占比	初中程度 人数占比	高中程度 人数占比	中专程度 人数占比	大专以上 人数占比
2009	5.90	24.70	52.70	11.70	2.90	2.10
2010	5.70	24.40	52.40	12.10	2.90	2.50
2011	5.50	26.50	53.00	9.90	2.40	2.70
2012	5.30	26.10	53.00	10.00	2.70	2.90

资料来源：历年《中国农村统计年鉴》。

2.1.3 农村居民受教育水平的群体性变化

从农村居民受教育水平及结构变化的性别差异来看，第一，农村男性及女性群体初中及以下教育层次的占比均呈下降的态势，高中及以上教育层次的占比均呈上升的态势。男性群体初中及以下教育层次占比从 2006 年的 84.09% 下降为 2015 年的 74.96%，高中及以上教育层次占比从 2006 年的 15.91% 上升为 2015 年的 25.04%；女性群体初中及以下教育层次占比从 2008 年的 90.92% 下降为 2015 年的 81.87%，高中及以上教育层次占比从 2006 年的 9.08% 上升为 2015 年的 18.13%。

第二，在农村居民受教育水平及结构变化的过程中，男性群体初中及以下教育层次占比一直低于女性群体，高中及以上教育层次占比一直高于女性群体，男性群体历年初中及以下教育层次平均占比为 81.29% 比女性群体的 87.04% 低 5.75 个百分点，历年高中及以上教育层次平均占比为 18.71% 比女性群体的 12.96% 高 5.75 个百分点。

第三，男性群体初中及以下教育层次占比下降的速度比女性群体略快，即高中及以上教育层次占比上升的速度比女性群体快，男性群体在 2006~2015 年初中及以下教育层次占比下降了 9.14 个百分点，即高中及以上教育层次占比上升了 9.14 个百分点，女性群体在 2008~2015 年初中及以下教育层次占比下降了 9.05 个百分点，即高中及以上教育层次占比上升了 9.05 个百分点（见表 2.2）。

表 2.2　　　　　　　农村居民受教育水平变化的性别差异　　　　　　　（％）

		2006 年	2008 年	2010 年	2011 年	2012 年	2013 年	2015 年
男	不识字或识字很少	7.70	7.59	7.35	9.17	10.84	9.08	8.21
	小学程度	33.03	38.05	32.17	29.36	30.55	30.09	28.38
	初中程度	43.36	37.19	44.00	45.37	39.64	39.51	38.38
	高中程度	11.45	10.82	10.30	10.51	10.99	12.09	12.86
	中专程度	2.79	3.61	3.22	2.42	3.12	3.74	4.06
	大专及以上程度	1.67	2.75	2.95	3.17	4.86	5.49	8.12
女	不识字或识字很少	22.92	20.96	20.76	25.18	26.61	22.68	21.13
	小学程度	35.76	40.62	36.12	33.68	33.09	30.84	31.42
	初中程度	32.25	27.38	31.23	28.99	27.33	31.04	29.32
	高中程度	5.82	7.32	7.58	6.07	5.86	6.84	7.24
	中专程度	1.65	2.11	2.42	2.27	2.50	3.47	3.05
	大专及以上程度	1.60	1.60	1.89	3.81	4.61	5.13	7.84

资料来源：历年 CGSS 数据。

从农村居民受教育水平及结构变化的民族差异来看，第一，农村少数民族及汉族群体初中及以下教育层次占比均呈下降的态势，高中及以上教育层次占比均呈上升的态势。汉族群体初中及以下教育层次占比从 2006 年的 87.09% 下降为 2015 年的 77.13%，高中及以上教育层次占比从 2006 年的 12.91% 上升为 2015 年的 22.87%；少数民族群体初中及以下教育层次占比从 2006 年的 91.71% 下降为 2015 年的 87.27%，高中及以上教育层次占比从 2006 年的 8.29% 上升为 2015 年的 12.73%。

第二，在农村居民受教育水平及结构变化的过程中，汉族群体初中及以下教育层次占比一直低于少数民族群体，高中及以上教育层次占比一直高于少数民族群体，汉族群体历年初中及以下教育层次平均占比为 83.68%，比少数民族群体的 89.4% 低 5.72 个百分点，历年高中及以上教育层次平均占比为 16.32%，比少数民族群体的 10.6% 高 5.72 个百分点。

第三，农村汉族群体初中及以下教育层次占比下降的速度比少数民族群体快，即高中及以上教育层次占比上升的速度比少数民族群体快，汉族群体在 2006～2015 年初中及以下教育层次平均占比下降了 9.96 个百分点，即高中及以上教育层次平均占比上升了 9.96 个百分点，少数民族群体在 2006～2015 年初中及以下教育层次平均占比下降了 4.44 个百分点，即高中及以上教育层次平均占比上升了 4.44 个百分点（见表 2.3）。

表 2.3　　　　　　　　　农村居民受教育水平变化的民族差异　　　　　　　　（%）

		2006 年	2008 年	2010 年	2011 年	2012 年	2013 年	2015 年
汉族	不识字或识字很少	14.72	13.46	17.90	17.26	17.40	14.89	13.64
	小学程度	34.25	38.44	32.41	30.61	31.02	29.60	28.89
	初中程度	38.12	33.28	36.85	37.73	34.64	36.02	34.61
	高中程度	8.93	9.61	8.35	8.39	9.10	10.08	10.61
	中专程度	2.23	2.88	2.35	2.46	2.98	3.69	3.79
	大专及以上程度	1.75	2.33	2.15	3.56	4.85	5.72	8.46
少数民族	不识字或识字很少	21.39	19.62	19.38	19.42	20.04	16.35	18.75
	小学程度	35.83	46.89	39.92	38.79	36.58	36.92	37.73
	初中程度	34.49	24.88	31.59	30.97	31.43	34.04	30.79
	高中程度	5.61	4.78	6.20	6.58	6.07	7.50	7.18
	中专程度	2.14	2.87	1.55	1.60	1.84	2.88	1.85
	大专及以上程度	0.53	0.96	1.36	2.63	4.04	2.31	3.70

资料来源：历年 CGSS 数据。

从农村居民受教育水平及结构变化的年龄差异来看，第一，农村 1980 年前及 1980 年后群体初中及以下教育层次占比均呈下降的态势，高中及以上教育层次占比均呈上升的态势。1980 年前群体初中及以下教育层次占比从 2006 年的 74.84% 下降为 2015 年的 50.95%，高中及以上教育层次占比从 2006 年的 25.16% 上升为 2015 年的 49.05%；1980 年后群体初中及以下教育层次占比从 2006 年的 89.26% 下降为 2015 年的 86.27%，高中及以上教育层次占比从 2006 年的 10.74% 上升为 2015 年的 13.73%。

第二，在农村居民受教育水平及结构变化的过程中，农村 1980 年后群体初中及以下教育层次占比一直低于 1980 年前群体，高中及以上教育层次占比一直高于 1980 年前群体，1980 年后群体初中及以下教育层次平均占比为 63.75% 比 1980 年前群体的 88.48% 低 24.73 个百分点，历年高中及以上教育层次平均占比为 36.25% 比 1980 年前群体的 11.52% 高 24.73 个百分点。

第三，农村 1980 年后群体初中及以下教育层次占比下降的速度比 1980 年前群体快，即高中及以上教育层次占比上升的速度比 1980 年前群体快，1980 年后群体在 2006~2015 年初中及以下教育层次占比下降了 23.89 个百分点，即高中及以上教育层次占比上升了 23.89 个百分点，1980 年前群体在 2006~2015 年初中及以下教育层次占比下降了 2.99 个百分点，即高中及以上教育层次占比上升了 2.99 个百分点（见表 2.4）。

表 2.4　　　　　　　农村居民受教育水平变化的年龄差异　　　　　　（%）

		2006 年	2008 年	2010 年	2011 年	2012 年	2013 年	2015 年
1980 年后	不识字或识字很少	3.14	3.64	2.35	2.26	3.09	1.17	1.00
	小学程度	12.79	18.91	16.17	13.99	12.35	12.67	10.61
	初中程度	58.91	44.36	50.00	49.81	44.44	45.26	39.34
	高中程度	11.32	13.45	11.30	9.33	13.83	15.34	15.02
	中专程度	7.34	10.55	10.22	10.10	9.51	10.33	10.01
	大专及以上程度	6.50	9.09	9.95	14.51	16.79	15.23	24.02
1980 年前	不识字或识字很少	17.02	15.71	20.76	20.51	20.71	18.51	18.10
	小学程度	37.35	42.45	36.12	34.86	35.59	34.90	35.51
	初中程度	34.89	30.57	33.23	34.28	32.21	33.42	32.67
	高中程度	8.25	8.45	7.58	8.06	7.72	8.40	8.85
	中专程度	1.52	1.69	1.42	0.88	1.49	1.93	1.68
	大专及以上程度	0.97	1.13	0.89	1.42	2.30	2.84	3.20

资料来源：历年 CGSS 数据。

从农村居民受教育水平及结构变化的地区①差异来看，第一，各地区农村居民初中及以下教育层次占比均呈下降的态势，高中及以上教育层次占比均呈上升的态势。东部地区农村居民初中及以下教育层次占比从2006年的81.77%下降为2015年的64.92%，高中及以上教育层次占比从2006年的18.23%上升为2015年的35.08%；中部地区农村居民初中及以下教育层次占比从2006年的91.1%下降为2015年的82.91%，高中及以上教育层次占比从2006年的8.9%上升为2015年的17.09%；西部地区农村居民初中及以下教育层次占比从2006年的90.26%下降为2015年的85.29%，高中及以上教育层次占比从2006年的9.74%上升为2015年的14.71%。

第二，在农村居民受教育水平及结构变化的过程中，东部地区农村居民初中及以下教育层次占比一直低于中部和西部，高中及以上教育层次占比一直高于中部和西部，东部地区农村居民历年初中及以下教育层次平均占比为73.12%，比中部地区的87.5%低14.38个百分点，比西部地区的88.82%低15.7个百分点；历年高中及以上教育层次平均占比为26.88%，比中部地区的12.5%高14.38个百分点，比西部地区的11.18%高15.7个百分点。

第三，东部地区农村居民初中及以下教育层次占比下降的速度比中部和西部地区快，即高中及以上教育层次占比上升的速度比中部和西部地区快，东部地区农村居民在2008~2015年初中及以下教育层次占比下降了16.86个百分点，比中部地区的8.19%快了8.67个百分点，比西部地区的4.97%快了11.89个百分点；东部地区农村居民在2008~2015年高中及以上教育层次占比上升了16.86个百分点，比中部地区的8.19%快了11.89个百分点，比西部地区的4.97%快了11.89个百分点（见表2.5）。

---

① 根据"七五"计划对我国东部、中部、西部三个地区的划分标准，以及西部大开发战略中对部分地区的调整，将我国31个省（自治区、直辖市）划分为三大经济阶梯发展地区，即东部地区（经济发达地区）、中部地区（经济中等发达地区）及西部地区（经济欠发达地区），东部地区为北京、天津、河北、辽宁、上海、江苏、浙江、福建、山东、广东和海南11个省（市），中部地区为山西、吉林、黑龙江、安徽、江西、河南、湖北、湖南8个省，西部地区为重庆、四川、贵州、云南、西藏、陕西、甘肃、青海、宁夏、新疆、内蒙古、广西12个省（自治区、直辖市）。

表 2.5　　　　　　　　农村居民受教育水平变化的地区差异　　　　　　　　（%）

		2005 年	2006 年	2008 年	2010 年	2011 年	2012 年	2013 年	2015 年
东部	不识字或识字很少	9.04	9.93	10.10	11.78	11.83	11.44	10.28	8.85
	小学程度	20.17	28.44	28.92	26.30	24.14	22.57	22.18	19.57
	初中程度	29.79	43.40	36.76	37.28	37.69	37.49	36.36	36.51
	高中程度	19.00	12.06	14.46	13.96	13.07	12.55	12.49	12.44
	中专程度	8.63	3.76	5.57	5.47	5.86	6.24	5.86	6.30
	大专及以上程度	13.38	2.41	4.18	5.21	7.41	9.71	12.83	16.34
中部	不识字或识字很少	10.47	17.57	11.77	18.47	17.74	17.09	16.70	13.39
	小学程度	30.28	37.03	44.42	32.40	31.22	33.02	31.05	32.33
	初中程度	31.88	36.50	32.65	37.69	39.25	36.95	38.08	37.20
	高中程度	13.81	6.41	8.50	7.69	7.63	8.35	9.22	10.73
	中专程度	6.28	1.13	1.58	1.97	1.88	1.86	2.59	2.22
	大专及以上程度	7.27	1.36	1.09	1.79	2.28	2.73	2.36	4.13
西部	不识字或识字很少	16.12	19.16	20.52	22.15	21.89	23.14	17.68	20.19
	小学程度	30.04	38.39	41.96	39.12	37.04	37.03	36.56	36.63
	初中程度	27.96	32.71	28.33	29.83	30.95	28.92	31.03	28.48
	高中程度	11.80	7.06	5.21	5.89	6.39	6.32	8.56	7.64
	中专程度	6.58	1.62	2.14	1.73	1.47	1.37	2.89	2.60
	大专及以上程度	7.49	1.06	1.84	1.28	2.25	3.22	3.27	4.47

资料来源：历年 CGSS 数据。

2.2　农村居民职业变迁

　　农村居民职业变化由众多因素共同决定，既有经济发展因素的牵引，又有人力资本因素的推动，还有制度政策因素的约束。发展经济学认为，行业、部门之间比较利益的差异是农村居民职业流动的动因，如舒尔茨（Schultz，

1990）认为职业迁移的发生是因为个体从职业迁移中得到的收益大于职业迁移的成本；托达罗（M. P. Todaro，1992）认为个体职业迁移决策的依据是"预期"的城市与农村的实际工资差额；刘易斯（1989）认为传统部门是现代部门劳动力的蓄水池，对处于经济低收入部门的人而言，当高工资部门已经确定了所需的资本和技术水平后，其他所有的人必然会尽最大的努力挤入高工资部门中去；兰尼斯和费（G. Ranis & J. Fei，1978）认为劳动力转移的前提条件是传统部门劳动生产率的提高。但该理论的成立以劳动力自由流动为依据，即与劳动力自由流动有关的政策制度，将成为制约我国农民职业流动的约束因素。教育作为重要的人力资本形式，在农村职业转换过程中有重要作用，但与经济体制和劳动力市场完善程度有密切关系，如内伊（Nee，1989、1996）认为在市场经济体制下，教育对农民向其他职业转换的促进作用明显优于计划经济体制。因此我国农村居民职业变迁是伴随我国经济发展、政策制度的变化而产生的。

2.2.1 农村居民职业的总体变化

新中国成立之后围绕以重工业发展优先的战略，建立的城乡分割的户籍制度以及与之配套的城市偏向的就业制度、社会保障制度、基本消费品供应制度、排他性的城市福利体制，影响到部分劳动力在地区间、行业间、部门间的流动，农村居民的职业模式为单一的务农形式。改革开放后，首先，农村家庭联产承包责任制实行以后，农业家庭生产经营方式确立，解放了农村剩余劳动力，使农村剩余劳动力开始从经济报酬更高的非农产业转移；其次，社队企业改制为乡镇企业，创造了大量的非农就业机会；最后，城镇体制改革的启动，放宽了对城镇个体经济发展的限制，对城镇商业、服务业进行承包制改革，促进了非农就业空间的发育和扩大。随着这一系列经济、政策、制度的改革，农村居民的职业模式逐渐从单一的务农形式向农业和非农业就业形式并存的多元化发展（见图2.2）。

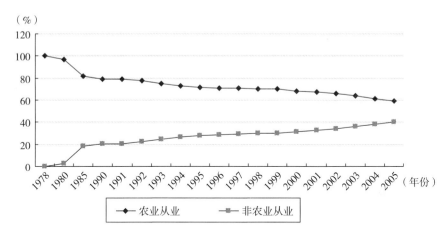

图 2.2　农村居民职业变化趋势

资料来源:《2007 年中国统计年鉴》。

　　从图 2.2 可知，自家庭联产责任制的推行、乡镇企业的设立以及城镇体制改革的启动开始，农村居民的职业开始向多元化发展，农村居民从事非农行业的比例不断上升，从 1980 年的 2.98% 上升到 1985 年的 18.11%，之后每年以平均约 1% 速度递增；与此同时，从事农业的比例从 1980 年的 97.02% 下降为 1985 年的 81.89%，之后每年以平均约 1% 速度递减。农村居民的职业变化表现为三个层次：一是从收益较低的种植业等农业部门向收益较高的林业、牧业、渔业等农业部门转化；二是从农业部门向村镇第二、第三产业转移；三是由经济落后的农村向经济比较发达的城市转移。

　　在农村居民职业变化的过程中表现为逐渐向非农行业分化，其分布于一二三产业的不同领域和不同层面，主要集中在工业、建筑业、交通运输、仓储及邮电通信业、批发零售贸易业、餐饮业等非农行业。从各非农行业从业人员比重来看，农林牧渔业农村从业人员比逐年下降，其他非农行业从业人员的比重均逐年上升，农村居民工业从业人员比重较大，但上升速度较慢，批发零售贸易业、餐饮业比重相对较小，但上升速度较快（见表 2.6）。

表 2.6 全国乡村各行业从业人员比重（1978～2005 年） （％）

年份	农林牧渔业	工业	建筑业	交通运输业、仓储及邮电通信业	批发零售贸易业、餐饮业	其他非农行业
1978	100.00	—	—	—	—	—
1980	97.02	2.98	—	—	—	—
1985	81.89	7.40	3.05	1.17	1.25	5.25
1990	79.35	7.69	3.62	1.51	1.65	6.17
1991	79.33	7.58	3.56	1.52	1.68	6.33
1992	77.71	7.92	3.79	1.61	1.86	7.12
1993	75.15	8.27	4.26	1.81	2.14	8.37
1994	73.21	8.62	4.61	2.03	2.43	9.10
1995	71.79	8.82	4.89	2.18	2.60	9.72
1996	71.23	8.87	5.09	2.27	2.79	9.75
1997	70.68	8.72	5.13	2.29	3.00	10.18
1998	70.27	8.46	5.28	2.34	3.15	10.50
1999	70.18	8.43	5.40	2.38	3.38	10.23
2000	68.38	8.57	5.61	2.44	3.65	11.35
2001	67.29	8.91	5.80	2.50	3.87	11.64
2002	65.92	9.28	6.10	2.59	4.11	11.98
2003	63.83	10.08	6.54	2.71	4.20	12.63
2004	61.57	10.94	6.80	2.97	5.44	12.28
2005	59.49	11.93	7.25	3.11	5.83	12.39

资料来源：《2007 年中国统计年鉴》。

2.2.2 农村居民职业类型及地位的变化

随着农村居民职业的不断分化，其职业类型越来越多样化。众多学者对农村居民的职业类型进行了详细的划分。如陆学艺（1989）以职业为基础，同时参考生产资料的使用方式、对所使用生产资料的权力以及收入等因素将农村居民划分为农业劳动者、个体劳动者、雇工、农民工、农民知识分子、私营企业主、乡镇企业管理者、农村管理者等八个阶层，这一划分方法至今仍得到很多学者的认可并以此为参考，也成为众多学者划分农村居民职业分化类型的依据。中共中央政策研究室、农业部农村固定观察点办公室（1994）在陆学艺研究的基础上将农村居民的职业划分为农业劳动者、农民工、乡村集体企业管理者、私营企业经营者、个体或合伙工商劳动经营者、受雇劳动者、乡村干部、教育科技医疗卫生文化艺术工作者、家务劳动者及其他劳动者等十种类型。姜长云（1995）将农村居民的职业划分为村民委员会干部、企事业单位领导干部、专业技术人员、办事人员、工人、军人、农民及其他体力劳动者等七大类，并划分出相应的小类。戚斌（1995）将农村居民的职业划分为乡镇集体企业劳动者、个体或合伙工商劳动者、农业劳动者、受雇劳动者、私营企业主、乡村管理者以及教育、科技、医疗卫生及文艺工作者等七类。林元（2001）将农村居民的职业划分为农业劳动者、农民工、个体或合伙工商劳动者、受雇劳动者、乡村集体企业管理者、私营企业经营者、农民知识分子、乡村脱产干部等八类。曹金波、杨成胜（2003）根据陆学艺提出的标准，将农村居民的职业类型修正为农业劳动者、个体劳动者、雇工、私营企业主、农村干部、智力型职业者、乡镇企业职工、集体企业管理者、外出务工工人、无职业者等十类。董树彬、赵艳芳、赵娜（2008）也按照陆学艺提出的标准，将农村居民的职业划分为农业劳动者、农业专业户、雇工、农民工、私营企业主、个体工商户、村领导干部、村一般干部、乡村党政机关工作干部、农村教育工作者、农村医务人员和其他劳动者等十二类。张艳（2009）将我国农村居民的职业划分为职业农民、企业雇工、私营企业主、个体工商户等四类。岳花艳（2009）将我国农村居民的职业划分为农业劳动者、失地农民、农民工、经营性农民、乡村两级管理者及农民知识分子等六类。陈会广、单丁洁（2010）以农户为考察单位，将我国农村居民划分为纯农户、兼业户和非农户三类进行研究。秦雯（2012）将我国农村居民的职业划分为粮农、经济作物经营者、农业个体户、农业生产大户、非农个体工商者、村干部、农民工及农转非等八类。国际标准职业分类体系（ISCO88）对所有职业也进行了详细划分，其采用四个层次的嵌套分类，第一层次的分类方法将所有职业划分为九大群组。第一组为立法者、高级官员和管理者；第二组为专业人员；第三组为技术人员和专业人员助理；第四组为一般职员；第五组为服务人员和商店及超市的销售人员；第六组为熟练的农业和渔业工人；第七组为工艺及相关行业的工人；第八组为厂房及机械操作员和装配员；第九组为初级职员（非技术工人）。

由于本书所使用数据为 CGSS 数据库的数据，其划分各样本的职业类型采用的是 ISCO88 标准，因此本书在分析农村居民职业类型和职业地位变化时，采用 ISCO88 的标准和其对应的职业地位指数（ISEI）。

（1）职业类型的变化。

采用 CGSS 数据库中 2008 年、2010 年、2011 年、2012 年、2013 年、2015 年的数据，根据 ISCO88 的国际职业分类标准分析农村居民职业类型的变化。将 CGSS 中的样本根据户籍性质分为城镇居民和农村居民样本，本书使用农村居民样本数据，历年农村居民样本数分别为 2 055、4 439、2 434、4 777、4 669、4 354，根据历年各类型职业人数的比重的变化分析职业类型的演变。从表 2.7 可知，历年熟练的农业和渔业工人的比重最大，平均比重达 58%，且呈逐年下降的趋势，每年以平均 2.36% 的速度下降；立法者、高级官员和管理者、专业人员、技术人员和专业人员助理、一般职员这四类职业的比重均较小，且变化不明显，历年平均比重均在 2% 左右，平均增速均低于 0.4%；服务人员和商店及超市的销售人员在非农职业中比重最高，且增速最快，其历年平均比重为 10.33%，平均增速为 0.99%；工艺及相关行业的工人在非农职业中比重较高，但其增长速度较慢，其历年平均比重为 8.88%，平均增速为 0.13%；厂房及机械操作员和装配员在非农职业中比重中等，且增长速度也一般，其历年平均比重为 8.88%，平均增速为 0.13%；初级职员（非技术工人）在非农职业中比重较高，且增长速度也较快，其历年平均比重为 7.3%，平均增速为 0.53%。由此说明，农村居民职业分化过程中，职业类型逐渐向非农业类型转换，且主要向服务人员和商店及超市的销售人员、厂房及机械操作员和装配员、初级职员（非技术工人）等社会地位较低的非农职业类转换（见表 2.7）。

表 2.7　　　　　　　农村居民职业类型的变化（2008～2015 年）　　　　　（%）

行业	职业类型	2008 年	2010 年	2011 年	2012 年	2013 年	2015 年
农业	熟练的农业和渔业工人	66.57	63.42	59.65	57.84	53.16	52.42
非农业	立法者、高级官员和管理者	1.56	2.48	2.47	3.47	3.71	2.39
	专业人员	1.81	1.42	1.73	2.01	2.57	3.82
	技术人员和专业人员助理	1.51	0.79	2.71	2.85	2.66	2.79
	一般职员	0.73	1.94	1.19	1.44	2.61	2.79
	服务人员和商店及超市的销售人员	6.98	9.64	10.52	10.32	11.61	12.93
	工艺及相关行业的工人	6.05	10.09	10.02	9.36	10.94	6.83
	厂房及机械操作员和装配员	4.05	4.01	4.85	5.82	4.13	6.83
	初级职员（非技术工人）	6.02	6.22	6.86	6.89	8.61	9.20

资料来源：历年 CGSS 数据。

（2）职业地位的变化。

加拿大学者布利深（Blishen，1958）和美国学者邓肯（Duncan，1961）提出了衡量职业地位的"社会经济地位指数"，该指数根据各职业群体的客观平均受教育水平和平均收入水平加权计分，同时还考虑就业者的年龄因素、就业者父亲的财富、社会经济特征等，是综合多种社会经济因素而排列的顺序和分值，是一种客观地位。特莱曼（Treiman，1977）在社会经济地位指数的基础上提出了"国际标准职业声望量表"，此后特莱曼、甘泽布姆与格拉夫（Treiman，Ganzeboom & Graaf，1992）在此基础上使用了 16 个国家的 31 套数据，采用国际标准化的职业分类体系，提出了"国际标准职业社会经济地位指数（ISEI）"。本书根据 CGSS 数据中样本职业类型 ISCO88 的编码所对应的 ISEI 指数，分析农村居民职业地位的变化（见表 2.8）。

表 2.8　　　　　　　　　　农村居民职业地位（2008~2015 年）　　　　　　　　（%）

职业地位指数	2008 年	2010 年	2011 年	2012 年	2013 年	2015 年
20 以内（不含 20）	0.54	2.17	2.60	2.46	2.62	1.99
20~30（不含 30）	78.43	71.60	69.36	67.35	64.67	62.74
30~40（不含 40）	10.69	17.54	16.85	17.03	17.22	21.97
40~50（不含 50）	5.47	4.52	4.29	5.87	7.17	3.87
50~60（不含 60）	1.76	2.44	4.34	4.79	5.20	4.76
60~70（不含 70）	1.51	0.90	1.78	1.77	2.01	3.05
70~80（不含 80）	1.37	0.27	0.21	0.19	0.41	0.82
80 以上	0.24	0.54	0.58	0.55	0.69	0.80

资料来源：历年 CGSS 数据。

从表 2.8 可知，农村居民的职业地位水平较低，历年样本中从事职业地位在 40 以下职业的农村居民的平均比重约为 88%，从事职业地位在 70 以上职业的农村居民的平均比重约为 1%，从事职业地位为 40~70 职业的农村居民的平均比重约为 11%。从农村居民从事的不同职业地位的职业比重变化来看，农村居民从事的职业地位指数在 30 以内的职业比重呈逐年下降的趋势，由 2008 年的 78.97% 下降至 2015 年的 64.74%；农村居民从事的职业地位指数为 30~40 的职业比重总体上呈上升的趋势，由 2008 年的 10.69% 上升至 2015 年的 21.97%；农村居民从事的职业地位指数在 40~50 及 70~80 的职业比重总体上呈微弱的下降趋势。由此说明，职业地位指数在 30 以内的职业比重下降了约 14%，职业地位指数在 30~60 的职业比重上升了约 13%；职业地位指数在 60 以上的职业比重上升了约 1.5%，表明农村居民职业地位有所提高，较低职业地位的职业比重大幅下降，中等职业地位的职业比重大幅上升，高等职业地位的职业比重略有上升。

2.2.3　农村居民职业类型及地位变化的群体性比较

农村居民职业分化过程中，职业类型逐渐向服务人员和商店及超市的销售人员、厂房及机械操作员和装配员、初级职员（非技术工人）等非农职业类型转换，职业地位有所提高，但主要是中等职业地位职业比重的提高。农村居民职业类型及地位的这一变化是否具有群体的一致性？下面利用 CGSS 数据将历年样本划分为不同群体，对比分析各群体农村居民职业类型及地位变化情况。

（1）职业类型变化的群体性比较。

从农村居民职业类型变化的性别差异来看，第一，农村男性及女性群体从事农业的比重均呈下降的态势，从事非农比重均呈上升的态势。男性群体农业从业比例从 2008 年的 61.85% 下降为 2015 年的 49.67%，非农业从业比重从 2008 年的 38.15% 上升为 2015 年的 50.33%；女性群体农业从业比重从 2008 年的 71.54% 下降为 2015 年的 55.61%，非农从业比例从 2008 年的 28.46% 上升为 2015 年的 44.39%。

第二，在农村居民职业类型变化的过程中，男性群体从事农业比重一直低于女性群体，从事非农比重一直高于女性群体，男性群体历年农业从业平均比重为 54.13% 比女性群体的 64.34% 低 10.21 个百分点，历年非农从业平均比重为 45.87% 比女性群体的 35.66% 高 10.21 个百分点。

第三，女性群体从事农业比重下降的速度比男性群体快，即从事非农业比重上升的速度比男性群体快，女性群体在 2008～2015 年农业从业比重下降了 15.93 个百分点，即非农业从业比重上升了 15.93 个百分点，男性群体在 2008～2015 年农业从业比重下降了 12.17 个百分点，即非农业从业比重上升了 12.17 个百分点。

第四，就性别比较而言，农村女性群体非农就业主要集中于专业人员、一般职员及服务人员和商店及超市的销售人员等职业；男性群体非农就业主要集中于立法者、高级官员和管理者、技术人员和专业人员助理、工艺及相关行业的工人、厂房及机械操作员和装配员等职业，且女性群体在立法者、高级官员和管理者、专业人员等职业的从业比重增长的相对速度快于男性，在初级职员（非技术工人）职业的从业比重下降的相对速度快于男性（见表2.9）。

表2.9 农村居民职业类型变化的性别差异（2008～2015年）（％）

性别	行业	职工	2008年	2010年	2011年	2012年	2013年	2015年
男	农业	熟练的农业和渔业工人	61.85	57.89	53.73	52.76	48.89	49.67
	非农业	立法者、高级官员和管理者	2.47	3.25	3.27	4.45	4.42	2.88
		专业人员	2.28	1.45	1.42	2.08	2.44	3.45
		技术人员和专业人员助理	1.81	0.60	3.10	3.01	2.97	3.10
		一般职员	0.29	1.80	0.84	0.89	2.14	1.74
		服务人员和商店及超市的销售人员	5.71	7.78	8.21	7.94	8.50	10.20
		工艺及相关行业的工人	8.85	13.85	13.66	12.62	14.80	9.46
		厂房及机械操作员和装配员	5.23	6.67	8.63	8.09	6.14	8.55
		初级职员（非技术工人）	11.51	6.71	7.12	8.16	9.69	10.95
女	农业	熟练的农业和渔业工人	71.54	69.94	65.93	64.41	58.62	55.61
	非农业	立法者、高级官员和管理者	0.60	1.63	1.71	2.21	2.78	1.83
		专业人员	1.30	1.39	2.03	1.92	2.74	4.27
		技术人员和专业人员助理	1.20	1.01	2.36	2.64	2.25	2.44
		一般职员	1.20	2.11	1.54	2.16	3.22	4.01
		服务人员和商店及超市的销售人员	8.32	11.78	12.85	13.40	15.58	16.10
		工艺及相关行业的工人	3.11	5.94	6.59	5.14	6.01	3.76
		厂房及机械操作员和装配员	2.81	1.05	1.22	2.88	1.56	4.82
		初级职员（非技术工人）	9.92	5.17	5.77	5.24	7.23	7.16

资料来源：历年CGSS数据。

从农村居民职业类型变化的地区差异来看，第一，各地区农村居民从事农业的比重均呈下降的态势，从事非农比重均呈上升的态势。东部地区农村居民农业从业比例从 2008 年的 43.63% 下降为 2015 年的 25%，非农业从业比重从 2008 年的 56.37% 上升为 2015 年的 75%；中部地区农村居民农业从业比重从 2008 年的 75.79% 下降为 2015 年的 60.79%，非农从业比例从 2008 年的 24.21% 上升为 2015 年的 39.21%；西部地区农村居民农业从业比重从 2008 年的 75.08% 下降为 2015 年的 68.73%，非农从业比例从 2008 年的 24.92% 上升为 2015 年的 31.27%。

第二，在农村居民职业类型变化的过程中，东部地区农村居民从事农业比重一直低于中部和西部，从事非农比重一直高于中部和西部，东部地区农村居民历年农业从业平均比重为 31.62%，比中部地区的 66.69% 低 35.07 个百分点，比西部地区的 71.52% 低 39.9 个百分点；历年非农从业平均比重为 68.38%，比中部地区的 33.31% 高 35.07 个百分点，比西部地区的 28.48% 高 39.9 个百分点。

第三，东部地区农村居民从事农业比重下降的速度比中部和西部地区快，即从事非农业比重上升的速度比中部和西部地区快，东部地区农村居民在 2008～2015 年农业从业比重下降了 18.63 个百分点，比中部地区的 15.04% 快了 3.59 个百分点，比西部地区的 6.34% 快了 12.29 个百分点；东部地区农村居民在 2008～2015 年非农从业比重上升了 18.63 个百分点，比中部地区的 15.04% 快了 3.59 个百分点，比西部地区的 6.34% 快了 12.29 个百分点。

第四，就地区比较而言，中部及西部地区农村居民非农就业相对集中于服务人员和商店及超市的销售人员、初级职员（非技术工人）等职业，东部地区农村居民非农就业相对集中于技术人员和专业人员助理、一般职员等职业，且中部及西部地区农村居民在服务人员和商店及超市的销售人员这一职业从业比重增长的相对速度快于东部地区（见表 2.10）。

表 2.10　　　　农村居民职业类型变化的地区差异（2008～2015 年）　　　　（％）

地区	行业	职业	2008 年	2010 年	2011 年	2012 年	2013 年	2015 年
东部	农业	熟练的农业和渔业工人	43.63	33.58	31.83	30.36	25.30	25.00
	非农业	立法者、高级官员和管理者	2.97	5.61	4.67	5.91	6.54	4.38
		专业人员	3.66	1.38	2.94	2.76	4.24	6.62
		技术人员和专业人员助理	3.66	1.84	5.54	6.70	5.77	5.85
		一般职员	2.44	4.32	2.77	2.68	5.01	6.31
		服务人员和商店及超市的销售人员	14.49	14.44	14.71	16.80	17.40	18.00
		工艺及相关行业的工人	8.38	20.42	18.34	14.75	16.64	11.77
		厂房及机械操作员和装配员	6.28	7.54	8.65	9.70	6.37	10.92
		初级职员（非技术工人）	14.49	10.86	10.55	10.33	12.73	11.15
中部	农业	熟练的农业和渔业工人	75.79	71.97	63.28	64.68	63.67	60.75
	非农业	立法者、高级官员和管理者	0.61	1.52	1.79	3.00	2.81	1.82
		专业人员	1.09	1.35	1.79	1.97	1.74	2.33
		技术人员和专业人员助理	0.85	0.45	1.69	1.42	1.24	1.45
		一般职员	0.00	1.35	0.90	0.71	1.74	1.26
		服务人员和商店及超市的销售人员	3.77	8.54	11.54	7.75	9.73	11.07
		工艺及相关行业的工人	5.96	6.91	8.96	9.17	8.94	5.72
		厂房及机械操作员和装配员	3.16	3.37	4.28	5.08	3.15	6.60
		初级职员（非技术工人）	8.76	4.55	5.77	6.22	6.97	8.99
西部	农业	熟练的农业和渔业工人	75.08	74.89	75.24	71.14	64.07	68.73
	非农业	立法者、高级官员和管理者	1.53	1.41	1.79	2.15	2.52	1.17
		专业人员	1.07	1.54	0.83	1.49	2.33	2.92
		技术人员和专业人员助理	0.46	0.45	2.02	1.49	1.83	1.46
		一般职员	0.15	0.96	0.48	1.31	1.64	1.24
		服务人员和商店及超市的销售人员	4.43	7.62	6.55	8.23	9.57	10.28
		工艺及相关行业的工人	4.13	6.60	5.71	5.49	7.80	3.43
		厂房及机械操作员和装配员	3.21	2.31	2.98	3.70	3.02	3.21
		初级职员（非技术工人）	9.94	4.23	4.40	5.01	7.24	7.58

资料来源：历年 CGSS 数据。

从农村居民职业类型变化的年龄差异来看，第一，农村 1980 年前及 1980 年后群体从事农业的比重均呈下降的态势，从事非农比重均呈上升的态势。1980 年前群体农业从业比例从 2008 年的 71.72% 下降为 2015 年的 62.1%，非农业从业比重从 2008 年的 28.28% 上升为 2015 年的 37.9%；1980 年后群体农业从业比重从 2008 年的 33.21% 下降为 2015 年的 19.65%，非农从业比例从 2008 年的 66.79% 上升为 2015 年的 80.35%。

第二，在农村居民职业类型变化的过程中，农村 1980 年后群体从事农业比重一直低于 1980 年前群体，从事非农比重一直高于 1980 年前群体，1980 年后群体历年农业从业平均比重为 26.45% 比 1980 年前群体的 65.7% 低 39.25 个百分点，历年非农从业平均比重为 73.55% 比 1980 年前群体的 34.3% 高 39.25 个百分点。

第三，农村 1980 年后群体从事农业比重下降的速度比 1980 年前群体快，即从事非农业比重上升的速度比 1980 年前群体快，1980 年后群体在 2008～2015 年农业从业比重下降了 13.56 个百分点，即非农业从业比重上升了 13.56 个百分点，1980 年前群体在 2008～2015 年农业从业比重下降了 9.62 个百分点，即非农业从业比重上升了 9.62 个百分点。

第四，就年龄比较而言，1980 年后群体非农就业相对集中于专业人员、一般职员及技术人员和专业人员助理等职业；1980 年前群体非农就业相对集中于初级职员（非技术工人）、工艺及相关行业的工人等职业，且 1980 年后群体在立法者、高级官员和管理者、专业人员、技术人员和专业人员助理、一般职员等职业的从业比重增长的相对速度快于 1980 年前群体，在初级职员（非技术工人）职业的从业比重下降的相对速度快于 1980 年前群体（见表 2.11）。

从农村居民职业类型变化的民族差异来看，第一，农村少数民族及汉族群体从事农业的比重均呈下降的态势，从事非农比重均呈上升的态势。汉族群体农业从业比例从 2008 年的 65.38% 下降为 2015 年的 50.1%，非农业从业比重从 2008 年的 34.62% 上升为 2015 年的 49.9%；少数民族群体农业从业比重从 2008 年的 77.03% 下降为 2015 年的 72.6%，非农从业比例从 2008 年的 22.97% 上升为 2015 年的 27.4%。

表 2.11　　　农村居民职业类型变化的年龄差异（2008～2015 年）　　　（%）

群体	行业	职业	2008 年	2010 年	2011 年	2012 年	2013 年	2015 年
1980 年前	农业	熟练的农业和渔业工人	71.72	68.74	66.29	65.00	60.35	62.10
	非农业	立法者、高级官员和管理者	1.69	2.35	2.01	3.10	3.33	2.28
		专业人员	1.30	1.11	0.88	1.44	1.80	1.98
		技术人员和专业人员助理	1.18	0.55	1.91	1.87	1.85	1.52
		一般职员	0.39	1.21	0.59	0.61	1.96	1.58
		服务人员和商店及超市的销售人员	4.90	8.04	8.28	7.51	8.37	9.76
		工艺及相关行业的工人	4.96	8.75	9.16	8.65	10.03	5.96
		厂房及机械操作员和装配员	3.21	3.32	4.36	4.66	3.49	5.32
		初级职员（非技术工人）	10.65	5.93	6.52	7.16	8.83	9.51
1980 年后	农业	熟练的农业和渔业工人	33.21	32.65	25.92	22.72	24.57	19.65
	非农业	立法者、高级官员和管理者	0.73	3.31	4.97	5.31	5.21	2.78
		专业人员	5.11	3.31	6.28	4.81	5.64	10.08
		技术人员和专业人员助理	3.65	2.21	7.07	7.65	5.85	7.10
		一般职员	2.92	6.31	4.45	5.56	5.21	6.89
		服务人员和商店及超市的销售人员	20.44	19.40	22.77	24.07	24.47	23.66
		工艺及相关行业的工人	13.14	18.30	14.92	12.84	14.57	9.77
		厂房及机械操作员和装配员	9.49	8.20	7.59	11.48	6.70	11.93
		初级职员（非技术工人）	11.31	6.31	6.02	5.56	7.77	8.13

资料来源：历年 CGSS 数据。

　　第二，在农村居民职业类型变化的过程中，汉族群体从事农业比重一直低于少数民族群体，从事非农比重一直高于少数民族群体，汉族群体历年农业从业平均比重为 57.22% 比少数民族群体的 74.34% 低 17.12 个百分点，历年非农从业平均比重为 42.78% 比少数民族群体的 25.66% 高 17.12 个百分点。

　　第三，农村汉族群体从事农业比重下降的速度比少数民族群体快，即从事非农业比重上升的速度比少数民族群体快，汉族群体在 2008～2015 年农业从业比重下降了 15.28 个百分点，即非农业从业比重上升了 15.28 个百分点，少数民族群体在 2008～2015 年农业从业比重下降了 4.43 个百分点，即非农业从业比重上升了 4.43 个百分点。

第四，就民族比较而言，相对于汉族群体，少数民族群体非农就业相对集中于专业人员等职业，且少数民族群体在专业人员、工艺及相关行业的工人等职业的从业比重增长的相对速度快于汉族群体，在初级职员（非技术工人）职业的从业比重下降的相对速度快于汉族群体（见表 2.12）。

表 2.12　　　　　　农村居民职业类型变化的民族差异（2008~2015 年）　　　　　（%）

			2008 年	2010 年	2011 年	2012 年	2013 年	2015 年
汉族	农业	熟练的农业和渔业工人	65.38	61.99	58.52	56.03	51.30	50.10
	非农业	立法者、高级官员和管理者	1.68	2.61	2.43	3.71	3.86	2.61
		专业人员	1.96	1.36	1.68	1.94	2.68	3.87
		技术人员和专业人员助理	1.47	0.87	2.87	3.05	2.80	2.88
		一般职员	0.76	2.07	1.19	1.47	2.82	3.08
		服务人员和商店及超市的销售人员	7.17	10.03	10.99	10.66	12.11	13.54
		工艺及相关行业的工人	6.25	10.62	10.68	9.76	11.10	6.95
		厂房及机械操作员和装配员	4.24	4.27	5.08	6.22	4.32	7.27
		初级职员（非技术工人）	11.09	6.17	6.58	7.16	9.02	9.70
少数民族	农业	熟练的农业和渔业工人	77.03	75.53	80.92	71.88	68.08	72.60
	非农业	立法者、高级官员和管理者	0.48	1.55	3.29	1.65	2.50	0.47
		专业人员	0.48	1.94	2.63	2.57	1.73	3.28
		技术人员和专业人员助理	1.91	0.19	0.66	1.29	1.54	2.11
		一般职员	0.48	0.97	1.32	1.29	0.77	0.23
		服务人员和商店及超市的销售人员	5.26	6.99	4.61	7.54	7.69	7.73
		工艺及相关行业的工人	4.31	6.41	1.32	6.25	9.62	5.85
		厂房及机械操作员和装配员	2.39	2.14	1.97	2.76	2.69	3.04
		初级职员（非技术工人）	7.66	4.27	3.29	4.78	5.38	4.68

资料来源：历年 CGSS 数据。

（2）职业地位变化的群体性比较。

从农村居民职业地位变化的性别差异来看，第一，农村男性及女性群体从事较低地位职业比重均呈下降的态势，从事较高地位职业比重均呈上升的态势。男性群体从事较低地位职业（职业地位指数在 20 以内）的比重从 2008 年的 74.69% 下降为 2015 年的 63.76%，从事较高地位职业（职业地位指数在

20 及以上）比重从 2008 年的 25.31% 上升为 2015 年的 36.24%；女性群体从事较低地位职业（职业地位指数在 20 以内）的比重从 2008 年的 83.47% 下降为 2015 年的 65.82%，从事较高地位职业（职业地位指数在 20 及以上）比重从 2008 年的 16.53% 上升为 2015 年的 34.18%。

第二，在农村居民职业地位变化的过程中，男性群体从事较高地位职业的比重高于女性群体，从事较低地位职业的比重低于女性群体。男性群体历年从事较高地位职业（职业地位指数在 20 及以上）平均比重为 31.59% 比女性群体的 25.95% 高 5.64 个百分点；历年从事较低地位职业（职业地位指数在 20 以内）平均比重为 68.41% 比女性群体的 74.05% 低了 5.64 个百分点。

第三，女性群体从事较低地位职业比重下降的速度比男性群体快，即从事较高地位职业比重上升的速度比男性群体快。女性群体在 2008 ~ 2015 年从事较低地位职业（职业地位指数在 20 以内）比重下降了 17.65 个百分点，即从事较高地位职业（职业地位指数在 20 及以上）比重上升了 17.65 个百分点；男性群体在 2008 ~ 2015 年从事较低地位职业（职业地位指数在 20 以内）比重下降了 10.93 个百分点，即从事较高地位职业（职业地位指数在 20 及以上）比重上升了 10.93 个百分点（见表 2.13）。

表 2.13　　　农村居民职业地位变化的性别差异（2008 ~ 2015 年）　　　（%）

	职业地位指数	2008 年	2010 年	2011 年	2012 年	2013 年	2015 年
男	20 以内	74.69	70.77	68.06	67.38	65.82	63.76
	20 ~ 60(不含 60)	20.74	26.96	28.92	29.49	30.47	30.79
	60 及以上	4.57	2.27	3.02	3.14	3.71	5.45
女	20 以内	83.47	77.13	75.75	72.95	69.18	65.82
	20 ~ 60(不含 60)	14.93	21.76	22.13	25.36	28.46	30.42
	60 及以上	1.60	1.10	2.12	1.68	2.36	3.76

资料来源：历年 CGSS 数据。

从农村居民职业地位变化的地区差异来看，第一，东、中、西各地区从事较低地位职业的比重均呈下降的态势，从事较高地位职业比重均呈上升的态势。东部地区从事较低地位职业（职业地位指数在 20 以内）的比重从 2008 年的 60.73% 下降为 2015 年的 41.62%，从事较高地位职业（职业地位指数在 20 及以上）比重从 2008 年的 39.27% 上升为 2015 年的 58.38%；中部地区从事较低地位职业（职业地位指数在 20 以内）的比重从 2008 年的 86.62% 下降为 2015 年的 72.33%，从事较高地位职业（职业地位指数在 20 及以上）比重从 2008 年的 13.38% 上升为 2015 年的 27.67%；西部地区从事较低地位职业（职业地位指数在 20 以内）的比重从 2008 年的 85.32% 下降为 2015 年的 77.77%，从事较高地位职业（职业地位指数在 20 及以上）比重从 2008 年的 14.68% 上升为 2015 年的 22.23%。

第二，在农村居民职业地位变化的过程中，东部地区农村居民从事较高地位职业的比重高于中部及西部地区，从事较低地位职业的比重低于中部及西部地区。东部地区农村居民历年从事较高地位职业（职业地位指数在 20 及以上）平均比重为 49.99% 比中部地区的 22.64% 高 27.35 个百分点，比西部地区的 19.37% 高 30.62 个百分点；历年从事较低地位职业（职业地位指数在 20 以内）平均比重为 50.01% 比中部地区的 77.36% 低 27.35 个百分点，比西部地区的 80.63 低 30.62 个百分点。

第三，东部地区农村居民从事较低地位职业比重下降的速度比中部和西部地区快，即从事较高地位职业比重上升的速度比中部和西部地区快。东部地区农村居民在 2008～2015 年从事较低地位职业（职业地位指数在 20 以内）比重下降了 19.12 个百分点，即从事较高地位职业（职业地位指数在 20 及以上）比重上升了 19.12 个百分点，中部地区在 2008～2015 年从事较低地位职业（职业地位指数在 20 以内）比重下降了 14.29 个百分点，即从事较高地位职业（职业地位指数在 20 及以上）比重上升了 14.29 个百分点，西部地区在 2008～2015 年从事较低地位职业（职业地位指数在 20 以内）比重下降了 7.55 个百分点，即从事较高地位职业（职业地位指数在 20 及以上）比重上升了 7.55 个百分点（见表 2.14）。

表 2.14　　　　农村居民职业地位变化的地区差异（2008～2015 年）　　　（%）

职业地位指数		2008 年	2010 年	2011 年	2012 年	2013 年	2015 年
东部	20 以内	60.73	51.34	52.69	48.02	45.67	41.62
	20～60(不含60)	33.16	45.99	42.46	48.42	48.84	50.08
	60 及以上	6.11	2.67	4.85	3.56	5.48	8.31
中部	20 以内	86.62	79.74	74.33	76.06	75.07	72.33
	20～60(不含60)	11.80	18.85	23.18	21.52	23.04	24.91
	60 及以上	1.58	1.41	2.49	2.42	1.89	2.77
西部	20 以内	85.32	82.58	82.38	79.47	76.24	77.77
	20～60(不含60)	12.23	16.02	16.55	18.74	21.04	18.80
	60 及以上	2.45	1.41	1.07	1.79	2.72	3.43

资料来源：历年 CGSS 数据。

从农村居民职业地位变化的年龄差异来看，第一，农村居民 1980 年前及 1980 年后群体从事较低地位职业比重均呈下降的态势，从事较高地位职业比重均呈上升的态势。农村 1980 年前群体从事较低地位职业（职业地位指数在 20 以内）的比重从 2008 年的 83.38% 下降为 2015 年的 73.71%，从事较高地位职业（职业地位指数在 20 及以上）比重从 2008 年的 16.62% 上升为 2015 年的 26.29%；1980 年后群体从事较低地位职业（职业地位指数在 20 以内）的比重从 2008 年的 50.36% 下降为 2015 年的 34.26%，从事较高地位职业（职业地位指数在 20 及以上）比重从 2008 年的 49.6% 上升为 2015 年的 65.74%。

第二，在农村居民职业地位变化的过程中，1980 年后群体从事较高地位职业的比重高于 1980 年前群体，从事较低地位职业的比重低于 1980 年前群体。1980 年后群体历年从事较高地位职业（职业地位指数在 20 及以上）平均比重为 58.42% 比 1980 年前群体的 22.7% 高 35.72 个百分点；历年从事较低地位职业（职业地位指数在 20 以内）平均比重为 41.58% 比 1980 年前群体的 77.3% 低了 35.72 个百分点。

第三，农村 1980 年后群体从事较低地位职业比重下降的速度比 1980 年前群体快，即从事较高地位职业比重上升的速度比 1980 年前群体快。1980 年后群体在 2008～2015 年从事较低地位职业（职业地位指数在 20 以内）比重下降了 16.11 个百分点，即从事较高地位职业（职业地位指数在 20 及以上）

比重上升了 16.11 个百分点；1980 年前群体在 2008～2015 年从事较低地位职业（职业地位指数在 20 以内）比重下降了 9.67 个百分点，即从事较高地位职业（职业地位指数在 20 及以上）比重上升了 9.67 个百分点（见表 2.15）。

表 2.15　　　　农村居民职业地位变化的年龄差异（2008～2015 年）　　　（%）

职业地位指数		2008 年	2010 年	2011 年	2012 年	2013 年	2015 年
1980 年前	20 以内	83.38	78.01	77.76	76.82	74.10	73.71
	20～60（不含 60）	13.75	20.52	20.33	21.08	23.38	23.01
	60 及以上	2.87	1.48	1.91	2.10	2.52	3.28
1980 年后	20 以内	50.36	48.34	40.94	35.32	40.26	34.26
	20～60（不含 60）	44.89	48.49	53.02	60.20	54.25	56.38
	60 及以上	4.74	3.17	6.04	4.48	5.49	9.36

资料来源：历年 CGSS 数据。

从农村居民职业地位变化的民族差异来看，第一，农村居民汉族及少数民族群体从事较低地位职业比重均呈下降的态势，从事较高地位职业比重均呈上升的态势。农村汉族群体从事较低地位职业（职业地位指数在 20 以内）的比重从 2008 年的 78.15% 下降为 2015 年的 63.02%，从事较高地位职业（职业地位指数在 20 及以上）比重从 2008 年的 21.85% 上升为 2015 年的 36.98%；少数民族群体从事较低地位职业（职业地位指数在 20 以内）的比重从 2008 年的 86.12% 下降为 2015 年的 79.39%，从事较高地位职业（职业地位指数在 20 及以上）比重从 2008 年的 13.88% 上升为 2015 年的 20.61%。

第二，在农村居民职业地位变化的过程中，汉族群体从事较高地位职业的比重高于少数民族群体，从事较低地位职业的比重低于少数民族群体。汉族群体历年从事较高地位职业（职业地位指数在 20 及以上）平均比重为 30.1%，比少数民族群体的 18.28% 高 11.82 个百分点；历年从事较低地位职业（职业地位指数在 20 以内）平均比重为 69.9%，比少数民族群体的 81.72% 低了 11.82 个百分点。

第三，农村汉族群体从事较低地位职业比重下降的速度比少数民族群体快，即从事较高地位职业比重上升的速度比少数民族群体快。汉族群体在 2008～2015 年从事较低地位职业（职业地位指数在 20 以内）比重下降了

15.14 个百分点，即从事较高地位职业（职业地位指数在 20 及以上）比重上升了 15.14 个百分点；少数民族群体在 2008～2015 年从事较低地位职业（职业地位指数在 20 以内）比重下降了 6.73 个百分点，即从事较高地位职业（职业地位指数在 20 及以上）比重上升了 6.73 个百分点（见表 2.16）。

表 2.16　　　　　农村居民职业地位变化的民族差异（2008～2015 年）　　　　（%）

	职业地位指数	2008 年	2010 年	2011 年	2012 年	2013 年	2015 年
汉族	20 以内	78.15	72.60	71.08	68.76	65.79	63.02
	20～60（不含 60）	18.42	25.63	26.45	28.70	30.89	32.17
	60 及以上	3.42	1.77	2.47	2.54	3.32	4.81
少数民族	20 以内	86.12	82.33	84.87	78.04	79.53	79.39
	20～60（不含 60）	13.40	16.31	11.18	19.74	18.91	17.33
	60 及以上	0.48	1.36	3.95	2.21	1.56	3.28

资料来源：历年 CGSS 数据。

2.3　农村居民收入增长

2.3.1　农村居民收入的总体变化

1978 年开始实施的改革开放政策将农村居民生产的决策权、产品的处置权、劳动的自由权及农村的生产发展权逐步归还给农村居民，极大地推动了农村居民收入的增长。1978～1984 年是农村居民收入增长最快的时期，收入增长始终保持在两位数，年平均增长速度为 14.2%。这一时期，农村居民收入增长的推动力主要来源于家庭联产承包责任制的实施，增长的来源主要是家庭经营性收入。20 世纪 80 年代中期之后，随着农村改革的深入，改革重心向城市转移，体制变革对农村居民收入的影响逐渐减弱，以农业为主的家庭经营性收入已不再维持高速增长，1985～1991 年农村居民收入的增长进入了徘徊或下降期，年均增速降至 1.45%，其中 1985 年和 1990 年是两个增长相对较高的年份，增长率分别为 4% 和 9.18%，1986 年和 1988 年增长相对缓慢，增长率分别为 0.46% 和 0.25%，而 1989 年则出现了实际纯收入负增长的情况，农村居民收入比上一年减少 7.47%。进入 20 世纪 90 年代之后，在邓小平"南方谈话"的推动下，大量农村劳动力外出打工，非农收入增加逐渐成为农村居民收入增长的重要推动力量，1992～1996 年农村居民收入增长进入了一个新的回升期，平均增速达 7.91%。1997 年之后由于受粮食产量下降及农村居民税费负担居高不下的双重影响，1997～2003 年农村居民收入增幅开始下降，再次进入缓慢增长的徘徊状态，平均增速下降为 4.24%。2004 年后，在中央政府连续数个"一号文件"的激发下，2004～2013 年农村居民收入进入了一个快速增长期，人均纯收入环比增速由 2004 年的 6.85% 提升自 2013 年的 15.87%，平均增速高达 9.88%。2013 年之后随着经济下行压力的增大，农村居民收入增长已呈现明显放缓的趋势，2014 年、2015 年、2016 年分别较上一年实际增长 9.27%、7.5% 和 6.23%，平均增速为 7.66%，农村居民增收的难度明显增加，区域性、群体性减收的风险也在显著加大，因此应该重视农村居民增收问题，着力构建农村居民增收支持政策体系。

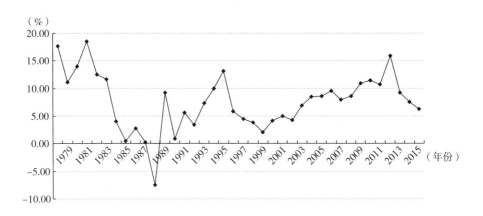

图 2.3　农村居民收入实际增长率的总体变化①

资料来源：历年《中国统计年鉴》。

---

① 农村居民收入实际增涨的速度计算方法为：按现价计算的增长率×100/农村居民消费价格指数（上一年 = 100）－1，其中 1997～1984 年由于农村居民消费价格指数（上一年 = 100）的缺失，使用居民消费价格指数（上一年 = 100）代替。

2.3.2 农村居民收入结构的变化

随着农村居民收入总量及增长速度的变化，其收入结构也发生了较大的变化。从劳动报酬收入、家庭经营收入及转移和财产收入对总收入的静态和动态贡献分析农村居民收入结构的变化。

第一，家庭经营性收入和工资性收入是农村居民收入的两大主要来源，近年来工资性收入已成为农村居民增收的第一大来源。1990~2016年，工资性收入在总收入中的平均比重达32.9%，家庭经营性收入在总收入中的平均比重达58.4%，两者之和达91.2%。2013年之前，家庭经营性收入在总收入中的比重一直高于工资性收入，自2014年开始，工资性收入在总收入中的比重开始高于家庭经营性收入，成为农村居民收入增加的最主要的来源。

第二，工资性收入在农村居民收入中的重要性呈现逐渐加强的趋势，家庭经营性收入在农村居民收入中的重要性则呈现逐渐减弱的趋势。工资性收入在农村居民收入中的比重从1990年的20%逐步上升为2016年的41%，家庭经营性收入在农村居民收入中的比重从1990年的76%逐步下降为2016年的38%。

第三，财产和转移性收入保持较快的增长，但对农村居民增收的影响仍然处于辅助地位。财产和转移性收入在农村居民收入中的比重从1990年的4%逐步上升为2016年的21%，虽然通过推进农村土地征收、集体经营性建设用地入市、宅基地制度改革试点和农村集体产权制度、土地流转机制创新对农村居民财产性收入的增长有一定的推进作用，但完全释放对农村居民增收的制度创新红利需要一个长期渐进的过程，因此财产和转移性收入的增长在较长时期内对农村居民增收的影响只能处于辅助地位（见表2.17）。

表 2.17　　　　　　　　　农村居民收入结构的变化　　　　　　　（元/%）

年份	人均工资性收入		人均家庭经营性收入		人均转移和财产收入	
	绝对额	占比	绝对额	占比	绝对额	占比
1990	138	0.20	519	0.76	29	0.04
1991	152	0.21	524	0.74	33	0.05
1992	184	0.24	562	0.72	38	0.05
1993	195	0.21	678	0.74	49	0.05
1994	263	0.22	882	0.72	76	0.06
1995	354	0.22	1 126	0.71	98	0.06
1996	451	0.23	1 362	0.71	113	0.06
1997	515	0.25	1 473	0.70	103	0.05
1998	574	0.27	1 466	0.68	122	0.06
1999	630	0.29	1 448	0.66	132	0.06
2000	702	0.31	1 427	0.63	124	0.05
2001	772	0.35	1 460	0.59	135	0.06
2002	840	0.34	1 487	0.59	149	0.07
2003	918	0.35	1 541	0.59	163	0.06
2004	998	0.34	1 746	0.59	192	0.07
2005	1 175	0.36	1 845	0.57	236	0.07
2006	1 375	0.38	1 931	0.54	281	0.08
2007	1 596	0.39	2 194	0.53	350	0.08
2008	1 854	0.39	2 436	0.51	471	0.10
2009	2 061	0.40	2 527	0.49	565	0.11
2010	2 431	0.41	2 833	0.48	655	0.11
2011	2 963	0.42	3 222	0.46	792	0.11
2012	3 447	0.44	3 533	0.45	936	0.12
2013	4 025	0.45	3 793	0.43	1 077	0.12
2014	4 152	0.40	4 237	0.40	2 099	0.20
2015	4 600	0.40	4 504	0.39	2 318	0.20
2016	5 022	0.41	4 741	0.38	2 600	0.21

资料来源：历年《中国统计年鉴》。

2.3.3 农村居民收入变化的群体性比较

农村居民收入变迁过程中，不同群体由于所处的社会、经济、文化环境的差异，其收入变化的特征存在较大的差异。鉴于数据的局限，本书从性别、民族、年龄、地区四个维度分析农村居民收入变化的群体差异性。具体如下：

从农村居民收入变化的性别差异来看，历年农村居民男性人均纯收入均大于女性，历年男性人均纯收入的平均值为 18 421 元，比女性人均纯收入平均值高 7 691 元，且是女性人均纯收入平均值的 1.72 倍。农村男性人均纯收入增长的速度与女性相比，时快时慢，表现为不稳定的特征，但 2010 年以来具有明显快于女性增长速度的特征，人均纯收入性别比值从 2006 年的 1.45 上升为 2013 年的 1.87，但 2015 年又回落到 1.6。

从农村居民收入变化的民族差异来看，历年农村汉族群体人均纯收入均大于少数民族群体，历年农村汉族人均纯收入的平均值为 15 468 元比少数民族人均纯收入平均值高 5 561 元，且是少数民族人均纯收入平均值的 1.56 倍。农村汉族群体人均纯收入增长的速度与少数民族群体相比，不存在显著的长期增长优势，表现为民族之间增长优势交替出现的特征。

从农村居民收入变化的年龄差异来看，历年农村 1980 年后群体人均纯收入均大于 1980 年前群体，历年农村 1980 年后群体人均纯收入的平均值为 23 180 元比 1980 年前群体人均纯收入平均值高 10 068 元，且是 1980 年前群体人均纯收入平均值的 1.75 倍。农村 1980 年后群体人均纯收入增长的速度与 1980 年前群体相比，也不存在显著的长期增长优势，只在 2006 年、2011 年、2012 年、2015 年表现高于 1980 年前群体的增长速度。

从农村居民收入变化的地区差异来看，历年东部地区农村居民人均纯收入均大于中部及西部地区，历年东部地区农村居民人均纯收入的平均值为 47 452 元，比中部地区的 28 899 元高出 18 553 元，比西部地区的 17 043 元高出 30 409 元。东部地区农村居民人均纯收入增长速度显著高于西部地区，东部地区农村居民人均纯收入与西部地区的比值从 2005 年的 1.88 上升为 2015 年的 2.78，但与中部地区相比的增长优势有所波动，在 2006 年及 2013 年表现比中部地区更快的增长优势，即东部地区农村居民人均纯收入与中部地区的比值在 2006 年及 2013 年分别达到 2.19 和 2.13，但 2015 年东部地区相对于中部地区的增长优势又减弱，即东部地区农村居民人均纯收入与中部地区的比值又回落到 2005 年的水平。中部地区相对于西部地区而言，在 2010~2012 年的增长优势更为明显，自 2013 年开始增长优势减弱，2015 年又大幅提升（见表 2.18）。

表 2.18　　　　　　　　农村居民人均收入变化的群体性比较　　　　　（元）

		2005 年	2006 年	2010 年	2011 年	2012 年	2013 年	2015 年
性别	男	5 650	7 671	15 404	16 898	20 350	25 812	37 165
	女	3 443	5 304	8 606	9 594	11 114	13 821	23 231
民族	汉	4 623	6 752	12 592	13 444	17 067	21 263	32 538
	少数	3 409	4 321	9 824	10 483	11 188	15 435	14 693
年龄	1980 年后	6 765	10 871	18 416	21 230	27 500	30 001	47 474
	1980 年前	4 344	5 969	11 270	11 818	14 207	18 269	25 906
地区	东	6 222	10 033	19 692	20 170	26 500	34 898	47 452
	中	3 899	4 582	9 876	12 213	14 532	16 352	28 899
	西	3 315	4 808	9 882	9 750	11 064	14 887	17 043

资料来源：历年 CGSS 数据整理。

第 3 章
农村居民职业能力与收入关系

3.1 农村居民职业能力概念框架

职业能力是农村居民完成农业活动或实现非农就业获得收入的核心，是影响农村居民收入大小的内在条件。农村居民职业能力概念框架的建立是分析农民增收问题的基础，但职业能力概念的界定目前还没有统一的被广泛接受的概念体系。职业能力内涵的认知经历了强调单一要素向强调多方面要素综合的演变，在职业能力概念演变过程中，不同的学派有不同理解，不同的国家由于存在国情的差异，对其内涵的理解也具有显著差异。

从不同学派对职业能力的理解来看，以华生（J. B. Wason）、斯金纳（B. F. Skinner）、费兹（P. M. Fittes）为代表的行为主义学派认为，职业能力即职业技能，该职业能力观强调行为主体是否能够完成明确的、操作性的、可测量的职业行为。以布鲁纳（J. S. Bruner）为代表的认知主义学派认为，职业能力即职业知识，即了解、理解、掌握了职业的相关知识，就能够顺利应用，也就能够获得相应的职业能力，该职业能力观强调行为主体对职业相关科学知识的掌握，认为只要掌握了职业相关的科学知识就能具备相应的职业能力。以马斯洛（A. H. Maslow）、罗杰斯（C. R. Rogors）和奥图（H. A. Otto）为代表的人本主义学派认为职业能力即职业潜能，该职业能力观强调行为主体完成某种工作时的行为表现。以维特罗克（M. C. Wittrock）为代表的结构主义学派认为职业能力即情境性的综合能力，包含了对知识、技能、态度等的综合特征，该职业能力观强调行为主体的综合能力且更注重不同情境对职业能力获得的特殊意义。

　　从各国对职业能力的理解来看，美国提倡的是人格本位的职业能力观，认为职业能力是既包括训练的职业技术，又包括解决职业问题的智慧；既能使行为主体更加富有成效地工作，又能使行为主体领会到职业的社会意义；既能使行为主体掌握熟练的技能，又能使行为主体加强自身的修养。英国提倡的是资格本位的职业能力观，认为职业能力是获得相应的职业资格证书所代表的能够显性化、行为化的静态知识和技能。德国提倡的是复杂关系中的职业能力观，认为职业能力是不仅要具有完成定义明确的、预先规定的和可以展望的任务的能力，还要具有灵活性和以启发性的方法解决限定问题的能力；不仅具有专业能力，还应具有方法能力和社会能力。日本提倡的是素质本位的职业能力观，认为职业能力不仅包含行为主体的基础性素质、创新性素质，还应包含其身体素质以及作为公民的道德素质等。法国提倡的是知识本位的职业能力观，认为职业能力是包含关于职业或关于工作任务的相关学科知识。澳大利亚提倡的是整合本位的职业能力观，认为职业能力是代表岗位群对应的整合职业能力以及核心技能的职业资格。

　　从不同学派及不同背景各国对职业能力内涵的理解来看，职业能力内涵的发展具有历史性，并且呈现逐步丰富与宽泛的趋势，职业能力所涉及的要素从单一趋向复杂，无论是行为学派、认知学派还是人本学派，都从单一的维度来理解职业能力，随着结构学派的兴起，职业能力所涉及的要素逐渐增加，不仅包括知识维度、技能维度，还包含态度维度、情境维度等，而且从行为表现性的维度拓展到潜能的维度，从强调职业岗位本身扩展为强调职业群、甚至生活领域的相关能力。由此可知，职业能力的内涵越来越丰富和复杂。综合以上对职业能力的理解，在农村居民职业选择多元化的背景下，从收入获得的视角界定农村居民的职业能力，从职业获得及职业工作完成两个维度界定农村居民的职业能力的概念范围。由于农村居民职业分化的逐步加深，职业选择对农村居民收入有较大影响，职业选择所需要的职业综合能力是职业能力的重要组成部分，是体现职业能力强弱的重要指标，因此职业选择能力是农村居民职业能力的维度之一；职业工作完成是农村居民获得收入的前提，职业工作完成所需的与职业工作对应的职业技术能力是农村居民职业能力的重要组成部分，也是体现职业能力强弱的核心指标，其不仅包含完成职业工作所需的相关职业知识技能，也包含解决职业工作完成过程中出现或将要出现问题的解决能力，因此职业技术能力也是农村居民职业能力的另一维度。综上所述，农村居民职业能力包含职业选择能力和职业技术能力。

3.2 职业选择能力与收入的关系

农村居民就业行业、地点等环境的差异对其收入具有较大影响，如金晓彤（2015）利用对新生代农民工的 4268 份调查问卷实证研究认为，新生代农民工选择自我雇佣而非打工、跨省就业而非省内就业都将显著正向影响其收入，选择服务业与制造业的收入无显著差异，但从事建筑业则会带来较高的收入。夏华（2017）认为农民工就业主要集中在制造业、建筑业、批发和零售业、交通运输仓储和邮政业、住宿和餐饮业、居民服务和其他服务业等六大行业，各行业间工作环境、收入都具有一定的差异，其中交通运输业工资最高，住宿餐饮业工资最低。外出务工的农村居民由于自身人力资本条件的限制，从事的多为体力劳动的工作，工作的复杂程度相差不大，因而收入差距与全体居民行业间工资水平差距相比较小，但是与其他城市从业人员收入相比在显性和隐形收入上都相差明显。同时农村居民外出务工收入不仅有行业差距，且与务农相比差距更大，尽管随着农村经济的发展农业收入的作用凸显，但是与务工收入相比还有较大差距，农村居民收入增长的重要来源还是务工收入。由此可知，农村居民的就业选择，即是选择务农，还是选择务工，在何种行业务工对其收入的增长有较大影响。职业选择能力是农村居民选择收入相对较高职业的核心要素，职业选择能力越强，其劳动力的流动性越强，越有机会从事收入更高的职业，其可能越偏向于外出务工，且能够在收入较高的行业谋得工作。本书利用 CGSS 历年数据，从总体和不同群体比较的视角具体分析职业选择能力与收入的关系。

3.2.1 职业选择能力与收入的总体关系

为详细分析农村居民职业选择能力与其收入关系，利用 CGSS 数据中农村样本的"目前工作状况"及"工作单位性质"两个指标综合来衡量样本的职业选择能力。首先，从事农业与非农业相比较而言，从事农业工作的能力准入条件弱，多数农村居民可以自由选择，而从事非农业工作具有相对较高的能力准入条件，尽管农村居民从事的非农业工作大多数是劳动密集型行业，技术与智力含量较低，但是在工作能力、身体状况，沟通能力等综合工作能力方面还是存在一定的要求。因此在衡量农村居民职业能力指标选择及职业能力判断时，认为有非农业工作经验的样本比无非农业工作经验的样本的职业选择能力要强；其次，认为从事非农业工作后继而又选择从事农业的样本的职业能力比从事非农业后无工作样本的职业能力弱，其主要原因在于，从事非农业后继而又选择从事农业的样本，从非农业领域退出大多是基于能力、健康等制约非农工作的客观因素而被动退出，而从事非农后无工作样本从非农领域退出大多是基础职业偏好等主观原因主动退出；再次，在无非农工作背景的情况下，认为有工作比无工作的职业选择能力强；最后，认为从事非农业工作的样本在私企或民营企业工作的职业选择能力弱于在集体、国企、外资企业或港澳台企业，其原因在于农村居民非农就业的行业多为劳动密集型行业，技术含量低，该领域的私营或民营企业大多规模较小，相比国有、集体、外资等企业准入条件相对较低。鉴于以上准则，将具有"从未工作过""目前无工作，且只务过农""务农，且未从事过非农工作""务农，且有过非农工作""无工作，且曾经有过非农工作""从事非农工作，且在私营或民营企业""从事非农工作，且在事业或集体、国有企业、外资企业、港澳台企业"特征样本的职业选择能力定义为 1~7 级，其代表的职业选择能力从小到大。

从 2008~2015 年职业选择能力与农村样本人均年收入的对应关系来看，在各层级职业选择能力的收入均呈逐步增长的背景下，农村居民的职业选择能力与其收入的关系总体上表现为职业选择能力越强，其收入越高的正相关的特征，历年相关系数的平均值达 0.92。但从事非农工作，且在私营企业工作样本的职业选择能力弱于在国企、集体企业、外资企业或港澳台企业工作的职业选择能力，其收入却表现为更高，其原因在于在国企、集体企业、外资企业或港澳台企业能够获得比私营或民营企业更高的隐形福利收入，职业稳定、职业安全等收入之外的职业福利，导致即使名义货币收入较私企或民营企业低，但职业选择能力较高的人仍旧愿意选择（见表 3.1）。

表 3. 1　　　　　　　　　　不同职业选择能力下的人均收入　　　　　　　　　（元）

职业选择能力等级	2008 年	2010 年	2011 年	2012 年	2013 年	2015 年	平均值
1	2 236	2 361	2 072	2 300	2 732	2 519	2 370
2	4 701	4 321	3 946	4 791	5 846	8 584	5 365
3	7 181	7 023	7 479	8 364	10 500	16 290	9 473
4	8 660	8 805	10 268	11 610	12 228	18 185	11 626
5	9 560	9 903	9 328	11 566	10 749	30 504	13 602
6	18 435	21 784	24 267	29 142	37 178	56 438	31 207
7	15 080	24 155	19 766	34 383	35 927	48 344	29 609

数据来源：根据历年 CGSS 数据整理。

3.2.2　性别差异视角下职业选择能力与收入的关系

不同性别群体一方面由于其自然的性别属性特征不同而具有差异化的职业选择能力；另一方面，由于面临差异化的社会文化背景，也使其产生职业选择能力差异，职业选择能力的性别差异是否会影响收入和影响程度有多大是研究职业选择能力与收入关系的重要的内容维度之一，因此本书将 CGSS 农村居民的数据按性别特征分成男性与女性样本，从性别差异的视角比较不同职业选择能力样本收入的差异及变化。具体如下：

从历年不同性别群体职业选择能力与收入的相关系数来看，一方面，男性及女性群体职业选择能力与收入的相关系数都比较高，两者均在 0.9 左右的水平，表明不管是男性还是女性，农村居民职业选择能力与收入的相关性较高。另一方面，女性群体 2008 年、2011 年、2013 年及 2015 年职业选择能力与收入的相关系数及历年相关系数的平均值都比男性群体略大，女性群体 2008 年、2011 年、2013 年及 2015 年职业选择能力与收入的相关系数分别为 0.95、0.92、0.896、0.915，比男性群体的 0.89、0.91、0.872、0.828 分别高 0.06、0.01、0.024、0.087，女性群体历年职业选择能力与收入相关系数的平均值为 0.92，比男性群体的 0.9 高 0.02，以上表明相对于男性群体，农村女性群体职业选择能力与收入的相关性更高。又一方面，男性及女性群体职业选择能力与收入的相关系数均在波动中呈下降的趋势，男性群体职业选择能力与收入的相关系数从 2008 年的 0.89 下降为 2015 年的 0.83，女性群体职业选择能力与收入的相关系数从 2008 年的 0.95 下降为 2015 年的 0.91，表明随着收入的提高，农村居民职业选择能力与收入的相关性逐步在弱化，且男性群体更为突出。

从历年不同性别群体各等级职业选择能力样本的收入直观比较来看，一方面，男性及女性群体职业选择能力等级越高，其收入越高，历年人均收入的平均值随着职业选择能力等级的提高逐步提高，男性群体从 1 级的 2 622 元提高为 6 级的 40 199 元，7 级尽管比 6 级少但均高于 1～5 级，女性群体从 1 级的 1 922 元提高为 7 级的 23 747 元，表明不管是男性还是女性，农村居民职业选择能力越强，其收入将越高。另一方面，女性群体历年各等级职业选择能力样本的人均收入均低于男性群体，男性群体职业选择能力为 1～7 级样本历年收入平均值分别为 1 922 元、4 225 元、6 927 元、7 564 元、12 061 元、19 951 元、23 747 元，分别是女性群体的 1.36 倍、2.14 倍、1.81 倍、1.78 倍、1.31 倍、2.01 倍及 1.42 倍，表明农村居民职业选择能力对收入的影响具有显著的性别差异（见表 3.2）。

表 3.2　　　　　　　性别差异视角下职业选择能力与人均收入　　　　　　（元）

职业选择能力等级		2008 年	2010 年	2011 年	2012 年	2013 年	2015 年
男性	1	2 909	2 654	2 325	2 377	2 708	2 757
	2	6 602	8 023	6 203	7 470	13 186	12 693
	3	6 141	8 732	9 155	11 742	14 482	24 819
	4	6 749	10 444	12 306	13 514	14 596	23 022
	5	13 343	12 907	15 488	18 359	17 626	17 200
	6	22 201	27 288	29 919	34 207	48 314	79 267
	7	16 763	27 287	21 292	38 769	38 969	59 868
女性	1	2 300	927	2 010	2 279	2 282	1 735
	2	3 946	3 116	3 348	3 931	3 958	7 051
	3	5 864	5 937	6 517	5 880	7 648	9 717
	4	6 047	6 345	7 172	7 834	7 931	10 054
	5	7 618	5 339	6 610	8 655	8 144	35 996
	6	13 356	13 957	17 455	21 370	22 920	30 647
	7	12 255	18 453	18 083	27 120	31 081	35 487

数据来源：根据历年 CGSS 数据整理。

3.2.3 地区差异视角下职业选择能力与收入的关系

不同地区农村居民一方面由于其所拥有的自然资源条件不同而具有差异化的职业选择能力；另一方面，由于面临差异化的社会、经济、文化背景，也使其产生职业选择能力差异，职业选择能力的地区差异是否会影响收入和影响程度有多大是研究职业选择能力与收入关系的重要的内容维度之一，因此本书将 CGSS 农村居民的数据按地区经济发展特征分成东部地区、中部地区及西部地区样本，从地区差异的视角比较不同职业选择能力样本收入的差异及变化。具体如下：

从历年不同地区农村居民职业选择能力与收入的相关系数来看，一方面，各地区农村居民职业选择能力与收入的相关系数都比较高，三者均在 0.9 左右的水平，表明不管是东部地区、中部地区还是西部地区，农村居民职业选择能力与收入的相关性较高。另一方面，中部地区农村居民职业选择能力与收入的相关系数及历年相关系数的平均值都比东部及西部地区大，中部地区农村居民历年职业选择能力与收入的相关系数分别比东部地区高 0.03、0.001、0007、0.05、0.11、0.07、0.05，分别比西部地区高 0.1、0.07、0.1、0.04、0.12、0.03、0.08，中部地区农村居民历年职业选择能力与收入相关系数的平均值为 0.95，比东部地区的 0.89 高 0.06，比西部地区的 0.83 高 0.12，以上表明相对于东部及西部地区，中部地区农村居民职业选择能力与收入的相关性更高。又一方面，各地区农村居民职业选择能力与收入的相关系数均在波动中呈下降的趋势，东部、中部及西部地区农村居民职业选择能力与收入的相关系数分别从 2008 年的 0.94、0.97、0.87 下降为 2015 年的 0.79、0.85、0.83，表明随着收入水平的提高，各地区农村居民职业选择能力与收入的相关性逐步在弱化，且东部地区更为突出。

从历年不同地区各等级职业选择能力样本的收入直观比较来看，各地区农村居民职业选择能力等级越高，其收入越高，历年人均收入的平均值随着职业选择能力等级的提高逐步提高，东部、中部及西部地区农村居民分别从 1 级职业选择能力的 4 705 元、1 853 元、2 462 元提高为 7 级的 38 973 元、

20 944 元、21 515 元，表明不管是东部地区、中部地区还是西部地区，农村居民职业选择能力越强，其收入将越高（见表 3.3）。

表 3.3　　　　　　　　地区差异视角下职业选择能力与人均收入　　　　　　　（元）

职业选择能力等级		2008 年	2010 年	2011 年	2012 年	2013 年	2015 年
东部	1	4 250	4 263	4 000	4 331	5 077	6 310
	2	4 334	4 753	4 659	4 519	6 870	8 184
	3	5 675	6 397	5 011	8 940	9 657	11 499
	4	11 903	11 355	12 468	14 185	14 971	12 678
	5	12 496	18 414	12 758	16 222	11 202	11 452
	6	22 304	25 432	34 124	34 610	42 814	76 025
	7	19 776	35 416	26 904	47 730	45 539	58 475
中部	1	1 500	1 930	1 858	1 946	1 937	1 949
	2	3 694	3 822	3 998	5 243	5 228	9 475
	3	4 746	6 888	8 159	9 759	12 284	20 427
	4	6 137	9 070	11 639	12 773	12 477	24 121
	5	7 344	9 808	17 026	18 833	19 128	12 082
	6	12 385	16 262	20 511	26 061	25 434	32 720
	7	12 412	13 833	17 291	23 625	24 775	33 725
西部	1	1 500	1 322	2 950	1 283	5 490	2 225
	2	2 348	4 696	3 286	4 055	6 000	6 395
	3	2 656	5 660	7 490	6 751	8 627	9 090
	4	4 724	7 707	8 607	8 175	11 398	13 062
	5	9 450	7 119	8 111	9 833	12 297	48 818
	6	16 783	21 182	20 616	22 674	35 396	31 821
	7	10 845	17 469	14 436	23 025	27 685	35 631

数据来源：根据历年 CGSS 数据整理。

3.2.4　年龄差异视角下职业选择能力与收入的关系

不同年龄群体一方面由于其年龄属性特征不同而具有差异化的职业选择能力；另一方面，由于其经历差异化的社会文化成长环境，也使其产生职业选择能力差异，职业选择能力的年龄差异是否会影响收入和影响程度有多大是研究职业选择能力与收入关系的重要的内容维度之一，因此本书将 CGSS 农村居民的数据按年龄特征分成 1980 年后样本与 1980 年前样本，从年龄差异的视角比较不同职业选择能力样本收入的差异及变化。具体如下：

从历年不同年龄群体职业选择能力与收入的相关系数来看，一方面，1980 年后群体及 1980 年前群体职业选择能力与收入的相关系数都相对较高，两者均在近 0.9 左右的水平，表明不管是 1980 年后群体还是 1980 年前群体，农村居民职业选择能力与收入的相关性较高。另一方面，1980 年前群体 2008 年、2010 年、2011 年及 2012 年职业选择能力与收入的相关系数及历年相关系数的平均值都比 1980 年后群体略大，1980 年前群体 2008 年、2010 年、2011 年及 2012 年职业选择能力与收入的相关系数分别为 0.91、0.89、0.94、0.93，比 1980 年后群体的 0.88、0.81、0.79、0.92 分别高 0.03、0.08、0.15、0.01，1980 年前群体历年职业选择能力与收入相关系数的平均值为 0.9，比 1980 年后群体的 0.87 高 0.03，以上表明相对于1980 年后群体，农村 1980 年前群体职业选择能力与收入的相关性更高。又一方面，1980 年后群体职业选择能力与收入的相关系数在波动中呈上升的趋势，1980 年前群体职业选择能力与收入的相关系数在波动中呈下降的趋势，1980 年后群体职业选择能力与收入的相关系数从 2008 年的 0.88 上升为 2015 年的 0.91，1980 年前群体职业选择能力与收入的相关系数从 2008年的 0.91 下降为 2015 年的 0.90，表明随着收入的提高，农村 1980 年后群体职业选择能力与收入的相关性逐步强化，1980 年前群体职业选择能力与收入的相关性逐步在弱化。

从历年不同年龄群体各等级职业选择能力样本的收入直观比较来看，一方面，1980 年后群体及 1980 年前群体职业选择能力等级越高，其收入越高，历年人均收入的平均值随着职业能力等级的提高逐步提高，1980 年后群体从1 级的 1 860 元提高为 7 级的 32 803 元，1980 年前群体从 1 级的 3 962 元提高为 7 级的 28 445 元，表明不管是 1980 年后群体还是 1980 年前群体，农村居民职业选择能力越强，其收入将越高。另一方面，1980 年后群体历年较低等级职业选择能力样本的人均收入低于 1980 年前群体，较高职业选择能力样本的人均收入高于 1980 年前群体，1980 年后群体职业选择能力为 1 ~ 2 级样本历年收入平均值分别为 1 860 元和 4 700 元，分别是 1980 年前群体的 0.47 倍和 0.86 倍，3 ~ 6 级样本历年收入平均值分别为 12 406 元、14 541 元、16 785 元、32 043 元、32 803 元，分别是 1980 年前群体的 1.38 倍、1.34 倍、1.55 倍、1.11 倍、1.15 倍，表明农村居民职业选择能力对收入的影响具有显著的年龄差异（见表 3.4）。

表 3.4　　　　　　　　年龄差异视角下职业选择能力与人均收入　　　　　　　　（元）

职业选择能力等级		2008 年	2010 年	2011 年	2012 年	2013 年	2015 年
1980 年后	1	1 411	2 939	1 491	1 814	1 998	1 508
	2	4 313	6 214	2 993	4 345	3 259	7 073
	3	5 378	7 114	9 655	11 908	13 905	26 476
	4	13 163	9 176	16 661	12 269	14 105	21 873
	5	9 427	7 246	5 875	11 686	11 799	54 676
	6	20 756	17 712	25 975	31 895	35 670	60 251
	7	15 104	40 073	18 371	37 918	37 002	48 349
1980 年前	1	3 924	1 854	2 839	2 848	8 259	4 045
	2	4 734	4 238	4 046	4 829	6 064	8 783
	3	6 107	7 017	7 326	8 133	10 139	15 053
	4	6 490	8 736	9 230	11 500	11 835	17 429
	5	9 664	8 367	11 709	11 473	12 306	11 640
	6	17 489	23 527	23 467	27 699	38 248	42 887
	7	15 073	19 035	20 473	32 426	35 324	48 340

数据来源：根据历年 CGSS 数据整理。

3.2.5　民族差异视角下职业选择能力与收入的关系

不同民族群体一方面由于其民族属性特征不同而具有差异化的职业选择能力；另一方面，由于其经历差异化的经济、文化成长环境，也使其产生职业选择能力差异，职业选择能力的民族差异是否会影响收入和影响程度有多大是研究职业选择能力与收入关系的重要的内容维度之一，因此本书将 CGSS

农村居民的数据按民族特征分成汉族样本与少数民族样本，从民族差异的视角比较不同职业选择能力样本收入的差异及变化。具体如下：

从历年不同民族群体职业选择能力与收入的相关系数来看，一方面，汉族群体及少数民族群体职业选择能力与收入的相关系数都相对较高，两者均在近 0.9 左右的水平，表明不管是汉族群体还是少数民族群体，农村居民职业选择能力与收入的相关性较高。另一方面，汉族群体及少数民族群体历年职业选择能力与收入的相关系数未表现出具有绝对优势的特征，2008 年、2010 年及 2012 年少数民族群体职业选择能力与收入的相关系数比汉族高，2011 年、2013 年及 2018 年汉族群体职业选择能力与收入的相关系数比少数民族高，说明农村居民职业选择能力与收入相关系数未表现显著的民族差异性。又一方面，汉族群体职业选择能力与收入的相关系数在波动中呈上升的趋势，少数民族群体职业选择能力与收入的相关系数在波动中呈下降的趋势，汉族群体职业选择能力与收入的相关系数从 2008 年的 0.91 上升为 2015 年的 0.95，少数民族群体职业选择能力与收入的相关系数从 2008 年的 0.92 下降为 2015 年的 0.88，表明随着收入的提高，农村汉族群体职业选择能力与收入的相关性逐步强化，少数民族群体职业选择能力与收入的相关性逐步在弱化。

从历年不同民族群体各等级职业选择能力样本的收入直观比较来看，一方面，汉族群体及少数民族群体职业选择能力等级越高，其收入越高，历年人均收入的平均值随着职业能力等级的提高逐步提高，汉族群体从 1 级的 2 403 元提高为 7 级的 30 037 元，少数民族群体从 1 级的 1 915 元提高为 7 级的 23 244 元，表明不管是汉族群体还是少数民族群体，农村居民职业选择能力越强，其收入将越高。另一方面，少数民族群体历年各等级职业选择能力样本的人均收入均低于汉族群体，汉族群体职业选择能力为 1~7 级样本历年收入平均值分别为 2 403 元、5 431 元、9 265 元、12 132 元、13 853 元、31 595元、30 037 元，分别是少数民族群体的 1.26 倍、1.15 倍、1.34 倍、1.33 倍、1.45 倍、1.2 倍及 1.29 倍，表明农村居民职业选择能力对收入的影响具有显著的民族差异（见表 3.5）。

表 3.5　　　　　　民族差异视角下职业选择能力与人均收入　　　　（元）

职业选择能力等级		2008 年	2010 年	2011 年	2012 年	2013 年	2015 年
汉族	1	2 544	2 516	2 072	2 358	2 367	2 564
	2	4 974	4 341	4 040	4 911	5 606	8 714
	3	4 378	6 990	7 704	8 543	10 716	17 260
	4	9 772	8 867	10 373	11 813	12 443	19 526
	5	9 302	9 641	9 309	11 815	11 046	32 006
	6	19 022	22 073	23 756	29 690	37 448	57 580
	7	15 215	24 415	20 057	35 436	36 048	49 054
少数民族	1	1 420	1 620	1 715	1 813	2 846	2 075
	2	1 333	4 274	2 500	3 764	8 939	7 644
	3	2 369	7 240	5 146	7 473	9 291	9 898
	4	4 331	8 436	8 711	10 034	11 105	12 103
	5	12 511	9 579	9 680	8 700	7 830	8 978
	6	10 700	18 127	42 988	20 387	32 913	32 426
	7	13 035	20 646	15 833	23 609	34 439	31 900

数据来源：根据历年 CGSS 数据整理。

3.3　职业技术能力与收入的关系

职业技术能力是农村居民在既定岗位获得收益的保障，是决定职业发展的核心要素，对当前及将来的收入有重要影响。如侯风云（2004）分析了我国 15 个省市农村居民的收入状况，认为专业技能培训后农村居民职业技能的提升对收入的影响远远高于其他形式的人力资本投资。李晓楠（2015）利用我国 10 个省市 1 000 个样本农户的数据研究认为非农职业技术培训后农村居民非农职业能力的提升能够显著促进其增加收入。宋月萍（2015）研究认为职业培训可显著提升农村居民的工资，技能型培训的作用最明显，但长时间参与多次培训或职业培训才能对农民工工资增长带来实质性的影响。赵海（2013）研究认为职业培训是决定农村居民公平水平的关键因素。张世伟（2010）研究认为提升农村居民职业技术能力的职前培训和在职培训均能够有效地促进农村居民收入增长，且职前培训的作用更加明显。王海港、黄少安（2009）研究了珠江三角洲农村居民的职业培训，认为提升职业技术能力的职业培训能够提高收入，尤其是职业培训意愿较强的农村居民收入提高更显著。顾和均（2013）利用 CLHLS 数据分析职业培训对农村居民收入的影响，认为短期及正规职业培训通过提高基本职业技能能够提高农村居民的收入。本书利用 CGSS 历年数据，从总体和不同群体比较的视角具体分析职业技术能力与收入的关系。

3.3.1 职业技术能力与收入的总体关系

为详细分析农村居民技术能力与其收入关系，利用 CGSS 数据中农村样本的"工作中的管理活动情况"指标衡量样本的职业技术能力。管理活动情况能够在一定程度上间接反映农村居民职业技术能力的水平，管理活动的有效进行依托于对企业运行各环节的综合理解和控制能力，一般情况下从事管理活动的主体是职业技能水平相对较高的群体，因此认为从事管理活动的主体的职业技能水平高于未从事管理活动的主体。鉴于以上准则，将具有"只受别人管理，不管理别人""既不管理别人，又不受别人管理""既管理别人，又受别人管理""只管理别人，不受别人管理"特征样本的职业技术能力定义为 1~4 级，其代表的职业技术能力从小到大。

从 2008~2015 年职业技术能力与农村样本人均年收入的对应关系来看，在各层级职业技术能力的收入均呈逐步增长的背景下，农村居民的职业技术能力与其收入的关系总体上表现为职业技术能力越强，其收入高的正相关的特征，历年相关系数的平均值达 0.95，且呈波动中增长的趋势，表明随着收入的提高，农村居民职业技术能力与收入的相关性逐步强化（见表 3.6）。

表 3.6　　　　　　　不同职业技术能力下的人均收入　　　　　　　（元）

职业技术能力等级	2008 年	2010 年	2011 年	2012 年	2013 年	2015 年	平均值
1	11 952	15 575	17 826	22 949	27 852	32 647	21 467
2	14 958	19 507	20 462	24 443	27 902	35 276	23 758
3	18 580	30 244	34 792	40 802	53 482	59 770	39 612
4	35 030	51 275	49 100	54 410	62 850	77 634	55 050

数据来源：根据历年 CGSS 数据整理。

3.3.2　性别差异视角下职业技术能力与收入的关系

不同性别群体一方面由于其自然的性别属性特征不同而具有差异化的职业技术能力；另一方面，由于面临差异化的社会文化背景，也使其产生职业技术能力差异，职业技术能力的性别差异是否会影响收入和影响程度有多大是研究职业技术能力与收入关系的重要的内容维度之一，因此本书将 CGSS 农村居民的数据按性别特征分成男性与女性样本，从性别差异的视角比较不同职业技术能力样本收入的差异及变化。具体如下：

从历年不同性别群体职业技术能力与收入的相关系数来看，一方面，男性及女性群体职业技术能力与收入的相关系数都比较高，两者均超过 0.9，表明不管是男性还是女性，农村居民职业技术能力与收入的相关性较高。另一方面，女性群体 2008 年、2011 年、2012 年及 2013 年职业技术能力与收入的相关系数及历年相关系数的平均值都比男性群体小，女性群体 2008 年、2011 年、2012 年及 2013 年职业技术能力与收入的相关系数分别为 0.81、0.92、0.94、0.88，比男性群体的 0.9、0.97、0.96、0.95 分别低 0.1、0.05、0.03、0.06，女性群体历年职业技术能力与收入相关系数的平均值为 0.91，比男性群体的 0.95 低 0.05，以上表明相对于女性群体，农村男性群体职业技术能力与收入的相关性更高。又一方面，男性及女性群体职业技术能力与收入的相关系数均在波动中呈上升的趋势，男性群体职业技术能力与收入的相关系数从 2008 年的 0.9 上升为 2015 年的 0.96，女性群体职业技术能力与收入的相关系数从 2008 年的 0.81 上升为 2015 年的 0.97，表明随着收入的提高，农村居民职业技术能力与收入的相关性逐步在强化，且女性群体更为突出。

从历年不同性别群体各等级职业技术能力样本的收入直观比较来看，一方面，男性及女性群体职业技术能力等级越高，其收入越高，历年人均收入的平均值随着职业技术能力等级的提高逐步提高，男性群体从 1 级的 23 971 元提高为 4 级的 61 339 元，女性群体从 1 级的 18 013 元提高为 4 级的 40 326 元，表明不管是男性还是女性，农村居民职业技术能力越强，其收入将越高。另一方面，女性群体历年各等级职业技术能力样本的人均收入均低于男性群体，男性群体职业技术能力为 1～4 级样本历年收入平均值分别为 23 971 元、26 580 元、43 035 元、61 339 元，分别是女性群体的 1.33 倍、1.35 倍、1.37 倍及 1.52 倍，表明农村居民职业技术能力对收入的影响具有显著的性别差异（见表 3.7）。

表 3.7　　　　　　　　性别差异视角下职业技术能力与人均收入　　　　　（元）

职业技术能力等级		2008 年	2010 年	2011 年	2012 年	2013 年	2015 年
男性	1	11 825	17 346	21 287	25 575	31 298	36 499
	2	17 364	20 513	23 450	27 990	31 089	39 076
	3	19 636	34 622	37 941	42 262	57 349	66 398
	4	42 138	61 348	46 327	58 409	71 463	88 347
女性	1	12 154	12 848	13 636	18 966	22 645	27 827
	2	12 325	17 735	16 459	18 088	22 893	30 561
	3	15 751	19 542	27 550	36 709	42 536	46 269
	4	14 721	30 215	55 571	44 538	41 316	55 594

数据来源：根据历年 CGSS 数据整理。

3.3.3　地区差异视角下职业技术能力与收入的关系

不同地区农村居民一方面由于其所拥有的自然资源条件不同而具有差异化的职业技术能力；另一方面，由于面临差异化的社会、经济、文化背景，也使其产生职业技术能力差异，职业技术能力的地区差异是否会影响收入和影响程度有多大是研究职业技术能力与收入关系的重要的内容维度之一，因此本书将 CGSS 农村居民的数据按地区经济发展特征分成东部地区、中部地区及西部地区样本，从地区差异的视角比较不同职业技术能力样本收入的差异及变化。具体如下：

从历年不同地区农村居民职业技术能力与收入的相关系数来看，一方面，各地区农村居民职业技术能力与收入的相关系数都比较高，三者均在 0.9 左右的水平，表明不管是东部地区、中部地区还是西部地区，农村居民职业技术能力与收入的相关性较高。另一方面，东部地区农村居民职业技术能力与收入的相关系数及历年相关系数的平均值都比中部及西部地区大，东部地区农村居民历年职业技术能力与收入的相关系数分别比中部地区高 0.01、0.08、001、0.03、0.06、0.04，分别比西部地区高 0.18、0.02、0.08、0.23、0.01、0.03，东部地区农村居民历年职业技术能力与收入相关系数的平均值为 0.97，比中部地区的 0.93 高 0.04，比西部地区的 0.87 高 0.1，以上表明相对于中部及西部地区，东部地区农村居民职业技术能力与收入的相关性更高。又一方面，中部及东部地区农村居民职业技术能力与收入的相关系数均在波动中呈下降的趋势，西部地区呈上升的趋势，东部及中部地区农村居民职业技术能力与收入的相关系数分别从 2008 年的 0.99、0.98 下降为 2015 年的 0.97、0.93，西部地区农村居民职业技术能力与收入的相关系数从 2008 年的 0.81 上升为 2015 年的 0.87，表明随着收入的提高，东部及中部地区农村居民职业技术能力与收入的相关性逐步在弱化，西部地区在强化。

从历年不同地区各等级职业技术能力样本的收入直观比较来看，各地区农村居民职业技术能力等级越高，其收入越高，历年人均收入的平均值随着职业技术能力等级的提高逐步提高，东部、中部及西部地区农村居民分别从 1 级职业技术能力的 25 592 元、18 132 元、18 020 元提高为 4 级的 64 718 元、45 270 元、48 297 元，表明不管是东部地区、中部地区还是西部地区，农村居民职业技术能力越强，其收入将越高（见表 3.8）。

表 3.8   地区差异视角下职业技术能力与人均收入   （元）

职业技术能力等级		2008 年	2010 年	2011 年	2012 年	2013 年	2015 年
东部	1	16 886	16 835	21 560	27 019	33 951	37 305
	2	20 760	22 018	27 964	31 729	35 823	44 727
	3	26 334	30 514	49 459	48 642	62 245	71 687
	4	33 595	65 073	61 176	63 815	77 108	87 537
中部	1	9 509	14 004	15 516	18 459	22 285	29 021
	2	13 553	15 913	18 446	22 386	27 006	30 565
	3	14 612	16 333	33 036	33 184	53 047	46 466
	4	17 500	34 012	45 107	55 810	50 222	68 969
西部	1	8 033	15 053	15 734	22 039	21 361	25 902
	2	9 031	16 056	19 612	17 662	21 511	30 490
	3	11 266	23 128	23 335	32 008	39 932	40 438
	4	57 000	45 736	44 964	30 416	48 094	63 571

数据来源：根据历年 CGSS 数据整理。

3.3.4 年龄差异视角下职业技术能力与收入的关系

不同年龄群体一方面由于其年龄属性特征不同而具有差异化的职业技术能力；另一方面，由于其经历差异化的社会文化成长环境，也使其产生职业技术能力差异，职业技术能力的年龄差异是否会影响收入和影响程度有多大是研究职业技术能力与收入关系的重要的内容维度之一，因此本书将 CGSS 农村居民的数据按年龄特征分成 1980 年后样本与 1980 年前样本，从年龄差异的视角比较不同职业技术能力样本收入的差异及变化。具体如下：

从历年不同年龄群体职业技术能力与收入的相关系数来看，一方面，1980 年后群体及 1980 年前群体职业技术能力与收入的相关系数都相对较高，两者均在近 0.9 左右的水平，表明不管是 1980 年后群体还是 1980 年前群体，农村居民职业技术能力与收入的相关性较高。另一方面，1980 年前群体 2008 年、2011 年及 2012 年职业技术能力与收入的相关系数及历年相关系数的平均值都比 1980 年后群体略大，1980 年前群体 2008 年、2011 年及 2012 年职业技术能力与收入的相关系数分别为 0.9、0.97、0.97，比 1980 年后群体的 0.89、

0.93、0.93 分别高 0.01、0.04、0.04，1980 年前群体历年职业技术能力与收入相关系数的平均值为 0.95，比 1980 年后群体的 0.94 高 0.01，以上表明相对于 1980 年后群体，农村 1980 年前群体职业技术能力与收入的相关性更高。又一方面，1980 年后及 1980 年前群体职业技术能力与收入的相关系数在波动中呈上升的趋势，1980 年后群体职业技术能力与收入的相关系数从 2008 年的 0.89 上升为 2015 年的 0.99，1980 年前群体职业技术能力与收入的相关系数从 2008 年的 0.9 上升为 2015 年的 0.96，表明随着收入的提高，农村 1980 年后群体及 1980 年前群体职业技术能力与收入的相关性均逐步强化。

从历年不同年龄群体各等级职业技术能力样本的收入直观比较来看，一方面，1980 年后群体及 1980 年前群体职业技术能力等级越高，其收入越高，历年人均收入的平均值随着职业技术能力等级的提高逐步提高，1980 年后群体从 1 级的 24 341 元提高为 4 级的 59 979 元，1980 年前群体从 1 级的 19 997 元提高为 4 级的 54 883 元，表明不管是 1980 年后群体还是 1980 年前群体，农村居民职业技术能力越强，其收入将越高。另一方面，1980 年后群体历年各等级职业技术能力样本的人均收入均高于 1980 年前群体，1980 年后群体职业技术能力为 1~4 级，样本历年收入平均值分别为 24 341 元、27 597 元、40 898 元、59 979 元分别是 1980 年前群体的 1.22 倍、1.22 倍、1.04 倍、1.09 倍，表明农村居民职业技术能力对收入的影响具有显著的年龄差异（见表 3.9）。

表 3.9　　　　　　　年龄差异视角下职业技术能力与人均收入　　　　　　（元）

职业技术能力等级		2008 年	2010 年	2011 年	2012 年	2013 年	2015 年
1980 年后群体	1	15 462	17 119	20 254	27 914	29 573	35 724
	2	16 704	21 881	23 641	28 291	31 597	43 467
	3	22 843	29 433	34 665	40 063	55 944	62 442
	4	46 585	45 600	62 765	59 090	73 747	72 088
1980 年前群体	1	10 621	14 953	16 669	20 509	26 880	30 349
	2	14 315	18 982	19 517	23 857	26 506	32 010
	3	18 521	30 723	34 875	41 283	51 813	57 713
	4	40 878	52 660	44 717	52 339	58 491	80 216

数据来源：根据历年 CGSS 数据整理。

3.3.5　民族差异视角下职业技术能力与收入的关系

不同民族群体一方面由于其民族属性特征不同而具有差异化的职业技术能力；另一方面，由于其经历差异化的经济、文化成长环境，也使其产生职业技术能力差异，职业技术能力的民族差异是否会影响收入和影响程度有多大是研究职业技术能力与收入关系的重要的内容维度之一，因此本书将 CGSS 农村居民的数据按民族特征分成汉族样本与少数民族样本，从民族差异的视角比较不同职业技术能力样本收入的差异及变化。具体如下：

从历年不同民族群体职业技术能力与收入的相关系数来看，一方面，汉族群体及少数民族群体职业技术能力与收入的相关系数都相对较高，汉族群体历年职业技术能力与收入的相关系数均在 0.9 以上，少数民族多在 0.8 左右，表明不管是汉族群体还是少数民族群体，农村居民职业技术能力与收入的相关性较高。另一方面，汉族群体职业技术能力与收入的相关系数及历年相关系数的平均值都比少数民族群体高，汉族群体 2008 年、2011 年、2012 年、2013 年及 2015 年职业技术能力与收入的相关系数分别为 0.91、0.97、0.96、0.93、0.97，比少数民族群体的 0.73、0.78、0.87、0.81、0.69 分别高 0.18、0.18、0.09、0.12、0.28，汉族群体历年职业技术能力与收入相关系数的平均值为 0.95，比少数民族群体的 0.81 高 0.14，说明农村居民职业技术能力与收入相关系数有显著的民族差异性。又一方面，汉族及少数民族群体职业技术能力与收入的相关系数均在波动中呈上升的趋势，汉族群体职业技术能力与收入的相关系数从 2008 年的 0.91 上升为 2015 年的 0.95，少数民族群体职业技术能力与收入的相关系数从 2008 年的 0.73 上升为 2015 年的 0.81，表明随着收入的提高，农村汉族及少数民族群体职业技术能力与收入的相关性逐步强化。

从历年不同民族群体各等级职业技术能力样本的收入直观比较来看，一方面，汉族群体及少数民族群体职业技术能力等级越高，其收入越高，历年人均收入的平均值随着职业能力等级的提高逐步提高，汉族群体从 1 级的 21 710 元提高为 4 级的 55 085 元，少数民族群体从 1 级的 18 177 元提高为 4

级的 57 050 元，表明不管是汉族群体还是少数民族群体，农村居民职业技术能力越强，其收入将越高。另一方面，少数民族群体历年 1 ~ 3 级职业技术能力样本的人均收入均低于汉族群体，汉族群体职业技术能力为 1 ~ 3 级，样本历年收入平均值分别为 12 710 元、24 220 元、40 732 元，分别是少数民族群体的 1.19 倍、1.2 倍、1.72 倍，少数民族群体部分年份 4 等级职业技术能力样本的人均收入高于汉族群体，表明农村居民职业技术能力对收入的影响具有显著的民族差异（见表 3.10）。

表 3.10　　　　　　民族差异视角下职业技术能力与人均收入　　　　　　（元）

职业技术能力等级		2008 年	2010 年	2011 年	2012 年	2013 年	2015 年
汉族	1	12 477	15 797	17 940	23 207	28 056	32 781
	2	15 629	19 655	20 058	25 317	28 441	36 221
	3	19 228	30 617	36 152	42 208	55 112	61 076
	4	36 522	52 632	45 925	55 893	59 798	79 741
少数民族	1	8 058	12 195	13 720	19 207	25 148	30 732
	2	8 433	18 161	33 275	17 526	22 615	20 665
	3	10 890	25 990	18 200	23 485	29 654	33 921
	4	9 667	41 100	120 000	35 750	93 617	42 167

数据来源：根据历年 CGSS 数据整理。

3.4　职业能力提升与农村居民增收的实证研究

3.4.1　模型与方法

本书根据样本数据特征进行回归模拟，建立广义线性模型实证研究职业能力对农村居民增收的影响。模型设定如下：

$$\mathrm{LN}(Y_i) = \alpha_0 + \alpha_1 \mathrm{VA}_i + \sum_k a_{k+1} Z_{ki} + \varepsilon_i \qquad (3.1)$$

式（3.1）是农村居民职业能力影响收入的方程。Y_i为第i个农村居民的收入水平；VA_i为第i个农村居民的职业能力水平；Z_i为第i个农村居民的性别、年龄、地区、民族等特征变量；α_j（$j = 0$，1，$k+1$，$\cdots$）分别为各变量对应的系数，ε_i为方程的随机扰动项。

3.4.2　数据来源与变量说明

（1）数据来源及描述性统计。

本书的数据来源于全国综合社会调查（CGSS2015）[①]数据库。CGSS2015样本总量为10 968个，以调查对象户籍性质是否为农村户口为标准将该样本划分为农村样本和城市样本，其中6 931个农村样本为本研究的实际研究样本。经过变量调整和缺失值处理后，最终研究职业选择能力对农村居民收入影响的有效样本量为3 588个，研究职业技术能力对农村居民收入影响的有效样本量为1 991个，从研究职业选择能力对农村居民收入影响的有效样本来看，男性样本占42.53%，女性样本占57.47%；1980年后样本占29.04%，1980年前样本占70.96%；汉族样本占89.97%，少数民族样本占10.03%；东部地区样本占28.4%，中部地区样本占40.22%，西部地区样本占31.38%；收入在0.5万元及以下样本占33.86%，收入在0.5万元~2万元的占27.81%，收入在2万元~5万元的占27.06%，收入在5万元及以上样本占11.26%。从研究职业技术能力对农村居民收入影响的有效样本来看，男性样本占56.6%，女性样本占43.4%；1980年后样本占39.94%，1980年前样本占60.06%；汉族样本占93.93%，少数民族样本占6.07%；东部地区样本占47.76%，中部地区样本占31.47%，西部地区样本占20.77%；收入在0.5万元及以下样本占6.44%，收入在0.5万元~2万元的占20.07%，收入在2万元~5万元的占47.23%，收入在5万元及以上样本占26.25%（见表3.11）。

[①]　CGSS数据由中国人民大学"中国调查与数据中心"（NSRC）负责收集，详细数据来源参考该中心官方网站：http：//www.chinagss.org/。

表 3.11　　　　　　　　　　　　　　　　样本情况

样本特征	职业选择能力与收入			职业技术能力与收入		
	类别	样本量（个）	占比（%）	类别	样本量（个）	占比（%）
性别	男	1 526	45.53	男	1 063	56.60
	女	2 062	57.47	女	815	43.40
年龄	1980 年前	2 546	70.96	1980 年前	1 128	60.06
	1980 年后	1 042	29.04	1980 年后	750	39.94
民族	汉族	3 228	89.97	汉族	1 764	93.93
	少数民族	360	10.03	少数民族	114	6.07
地区	东部地区	1 019	28.40	东部地区	897	47.76
	中部地区	1 443	40.22	中部地区	591	31.47
	西部地区	1 126	31.38	西部地区	390	20.77
年收入水平	0.5 万元及以下	1 215	33.86	0.5 万元及以下	121	6.44
	0.5 万元~2 万元	998	27.81	0.5 万元~2 万元	377	20.07
	2 万元~5 万元	971	27.06	2 万元~5 万元	887	47.23
	5 万元及以上	404	11.26	5 万元及以上	493	26.25

数据来源：根据历年 CGSS 数据整理。

（2）变量选择与测量。

在职业能力影响农村居民收入的方程中，被解释变量为农村居民的收入情况，使用农村居民的收入水平指标衡量，并用实际收入赋值。主要解释变量为农村居民的职业能力情况，分为职业选择能力和职业技术能力；使用"目前工作状况"及"工作单位性质"两个指标综合来衡量样本的职业选择能力，为从多方面分析职业选择能力对收入的影响，将采用 3 种职业能力分级的方式，第一种是将具有"从未工作过""目前无工作，且只务过农""务农，且未从事过非农工作""务农，且有过非农工作""无工作，且曾经有过非农工作"特征样本的职业能力定义为下等，将具有"从事非农工作，且在私营或民营企业"特征样本的职业能力定义为中等，将具有"从事非农工作，且在事业或集体、国有企业、外资企业、港澳台企业"特征样本的职业选择能力定义为上等；第二种是将具有"从未工作过""目前无工作，且只务过农""务农，且未从事过非农工作""务农，且有过非农工作""无工作，且曾经有过非农工作"特征样本的职业能力定义为较弱级，将具有"从事非农工作，且在私营或民营企业""从事非农工作，且在事业或集体、国有企业、外资企业、港澳台企业"特征样本的职业选择能力定义为较强级；第三种是只讨论非农就业情况，分析非农就业领域职业选择能力对收入的影响，将具有"从事非农工作，且在私营或民营企业"特征样本的职业选择能力定义为较低级，将具有"从事非农工作，且在事业或集体、国有企业、外资企业、港澳台企业"特征样本的职业选择能力定义为较高级。使用"自主决定工作的程度"指标衡量职业技术能力，为多层次分析农村居民职业技术能力对收入的影响，对样本的职业技术能力采用两种分级方法：一种是将"只受别人管理，不管理别人"样本的职业技术能力定义为1级，"既不管理别人，又不受别人管理"样本的职业技术能力定义为2级，"既管理别人，又受别人管理"样本的职业技术能力定义为3级，"只管理别人，不受别人管理"样本的职业技术能力定义为4级，级数越高，样本职业技术能力越强；另一种是将"只受别人管理，不管理别人"样本的职业技术能力定义为下等，"既不管理别人，又不受别人管理"及"既管理别人，又受别人管理"样本的职业技术能力定义为中等，"只管理别人，不受别人管理"样本的职业技术能力定义为上等（见表3.12）。

表 3. 12 主要变量测量

变量名称	变量说明
收入水平(万)	反映农村居民的收入情况(INC)
自主决定工作程度	第一种方法:反映农村居民的职业技术能力。使用两个虚拟变量衡量,一是"职业技术能力是否为中等(VA1 - 1 - 1)",二是"职业技术能力是否为上等(VA1 - 1 - 2)",VA1 - 1 - 1 = 0 且 VA1 - 1 - 2 = 0 表示职业技术能力为下等,VA1 - 1 - 1 = 1 且 VA1 - 1 - 2 = 0 表示职业技术能力为中等,VA1 - 1 - 1 = 0 且 VA1 - 1 - 2 = 1 表示职业技术能力为上等 第二种方法:反映农村居民的职业技术能力(VA1 - 2):只受别人管理,不管理别人 = 1,既不管理别人又不受别人管理 = 2,既管理别人又受别人管理 = 3,只管理别人,不受别人管理 = 4

变量名称	变量说明
工作状态及性质	第一种分类方式:反映农村居民在非农与农业领域间以及非农范围内部的职业选择能力。使用两个虚拟变量衡量,一是"职业选择能力是否为中等(VA2 – 1 – 1)",二是"职业选择能力是否为上等(VA2 – 1 – 2)",VA2 – 1 – 1 = 0 且 VA2 – 1 – 2 = 0 表示职业选择能力为下等,VA2 – 1 – 1 = 1 且 VA2 – 1 – 2 = 0 表示职业选择能力为中等,VA2 – 1 – 1 = 0 且 VA2 – 1 – 2 = 1 表示职业选择能力为上等 第二种分类方式:反映农村居民在非农与农业领域间的职业选择能力。使用虚拟变量"职业选择能力是否为较强级(VA2 – 2)"衡量,VA2 – 2 = 0 表示职业选择能力较弱,VA2 – 2 = 1 表示职业选择能力较强 第三种分类方式:反映农村居民在非农领域内的职业选择能力。使用虚拟变量"职业选择能力是否为较高级(VA2 – 3)"衡量,VA2 – 3 = 0 表示职业选择能力较低,VA2 – 2 = 1 表示职业选择能力较强
性别	反映农村居民的性别特征(SEX):SEX = 1 表示男性,SEX = 0 表示女性
年龄	反映农村居民的年龄特征(AGE):AGE = 1 表示 1980 年后,AGE = 0 表示 1980 年前
民族	反映农村居民的民族特征(ETH):ETH = 1 表示汉族,ETH = 0 表示少数民族
地区	反映农村居民的地域特征,使用虚拟变量"是否是中部地区(DIS1)"和"是否是东部地区(DIS2)"衡量,DIS1 = 0 且 DIS2 = 0,表示西部地区,DIS1 = 1 且 DIS2 = 0,表示中部地区,DIS1 = 0 且 DIS2 = 1,表示东部地区

3.4.3　实证结果与分析

为实证研究农村居民职业能力对其收入的影响,本书建立广义线性模型并进行模拟回归后选择负二项回归模型及 Possion 模型,在分别分析职业选择能力及职业技术能力对农村居民收入影响时,为体现影响的群体差异性,构建了代表各群体特征的交叉效应模型。具体结果如下:

(1) 职业选择能力与农村居民增收。

从农村居民在非农与农业领域间以及非农范围内部的职业选择能力对收入的影响来看(见表 3.13):一是从表 3.13 中负二项回归模型(1)及 Possion 回归模型(1)的回归结果来看,职业选择能力对农村居民收入增长的影响系数均显著为正,表明职业选择能力对农村居民收入的增长具有显著的正向影响。VA2 – 1 – 1 和 VA2 – 1 – 2 的影响系数分别为 0.923、0.84 和 0.92、

0.69，表明相对于低等职业选择能力样本而言，中等和上等职业选择能力样本职业选择能力对收入增长的影响要更大。尽管表 3.13 中 Possion 回归模型（1）的回归系数，较负二项回归模型（1）的系数更低，但 VA2 - 1 - 1 与 VA2 - 1 - 2 的影响系数大小与方向仍然一致，从模型的拟合程度来看，表 3.13 中负二项回归模型（1）的 AIC 更低，表明其拟合程度更高。表 3.13 中负二项回归模型（1）中 VA2 - 1 - 1 的影响系数为 0.923，表明中等和上等职业选择能力样本职业选择能力对收入增长的正向影响比低等职业选择能力样本分别大 0.923 个和 0.92 个百分点。二是从表 3.13 中负二项回归模型（2）的回归结果来看，职业选择能力变量 VA2 - 1 - 1 与年龄、地区 2、民族特征变量的交叉项系数均显著，与性别、地区 1 征变量的交叉项系数不显著，表明相对于低等职业选择能力样本而言，中等职业选择能力样本的职业选择能力对收入增长的影响具有显著的年龄、民族及部分地区的差异性，VA2 - 1 - 1 与年龄、地区 2、民族特征变量的交叉项系数分别为 - 0.59、0.88、- 0.36，表明中等职业选择能力样本职业选择能力对收入的正向影响大于低等职业能力样本的特征在 1980 年前群体、东部地区、少数民族群体表现更为显著。从表 3.13 中 Possion 回归模型（2）的回归结果来看，职业选择能力变量 VA2 - 1 - 1 与年龄、地区、性别、民族特征变量的交叉项系数均显著且分别为 - 0.299、0.379、1.129、0.539、- 0.529，表明相对于低等职业选择能力样本而言，中等职业选择能力样本的职业选择能力对收入增长的影响具有显著的年龄、地区、性别、民族的差异性，且中等职业选择能力样本职业选择能力对收入的正向影响大于低等职业选择能力样本的特征在 1980 年前群体、东部及中部地区尤其是东部地区、男性群体及少数民族群体表现更为显著。从表 3.13 中负二项回归模型（3）的回归结果来看，职业选择能力变量 VA2 - 1 - 2 与年龄、地区 2 特征变量的交叉项系数均显著，与性别、地区 1、民族特征变量的交叉项系数不显著，表明相对于低等职业选择能力样本而言，上等职业选择能力样本的职业能力对收入增长的影响具有显著的年龄及部分地区的差异性，VA2 - 1 - 2 与年龄、地区 2 特征变量的交叉项系数分别为 - 0.73、0.78，表明上等职业选择能力样本职业选择能力对收入的正向影响大于低等职业选择能力样本的特征在 1980 年前群体、东部地区表现更为显著。从表 3.13 中 Possion 回归模型（2）的回归结果来看，职业选择能力变量 VA2 - 1 -

2 与年龄、地区、性别、民族特征变量的交叉项系数均显著且分别为 -0.65、0.28、0.51、-0.001、-0.42，表明相对于低等职业选择能力样本而言，上等职业选择能力样本的职业能力对收入增长的影响具有显著的年龄、地区、性别、民族的差异性，且上等职业选择能力样本职业选择能力对收入的正向影响大于低等职业选择能力样本的特征在 1980 年前群体、东部及中部地区尤其是东部地区、女性群体及少数民族群体表现更为显著。

表 3.13　　　　　　　　　　职业选择能力对收入的综合影响

变量		系数					
		负二项回归模型(1)	Possion 回归(1)	负二项回归模型(2)	Possion 回归(2)	负二项回归模型(3)	Possion 回归(3)
C		8.760***	8.79***	8.76***	8.860***	8.74***	8.740***
解释变量	VA2-1-1	0.923***	0.81***	0.97***	0.479***	0.95***	0.800***
	VA2-1-2	0.920***	0.69***	1.01***	0.839***	1.08***	1.050***
控制变量	AGE	0.710***	0.57***	0.79***	0.669***	0.78***	0.680***
	DIS1	-0.320***	-0.35***	-0.29***	-0.419***	-0.31***	-0.380***
	DIS2	-0.210***	0.10***	-0.37***	-0.319***	-0.29***	0.010***
	ETH	0.660***	0.69***	0.67***	0.89***	0.67***	0.750***
	SEX	0.690***	0.61***	0.67***	0.439***	0.70***	0.600***
交叉变量	AGE*VA2-1-1	—	—	-0.59***	-0.299***	—	—
	AGE*VA2-1-2	—	—	—	—	-0.73***	-0.650***
	DIS1*VA2-1-1	—	—	0.15	0.379***	—	—
	DIS1*VA2-1-2	—	—	—	—	0.21	0.280***
	DIS2*VA2-1-1	—	—	0.88***	1.129***	—	—
	DIS2*VA2-1-2	—	—	—	—	0.78***	0.510***
	SEX*VA2-1-1	—	—	0.10	0.539***	—	—
	SEX*VA2-1-2	—	—	—	—	-0.11	-0.001**
	ETH*VA2-1-1	—	—	-0.36*	-0.529***	—	—
	ETH*VA2-1-2	—	—	—	—	-0.37	-0.420***
方程拟合度统计量	AIC	21.84	78 228	21.81	76 817	21.82	77 764

注：以上数据根据计量分析结果整理而得，其中 ***、**、* 分别表示在 1%、5%、10% 的显著水平上通过检验。

从农村居民在非农业与农业领域间的职业选择能力对收入的影响来看（见表 3.14）：一是从表 3.14 中负二项回归模型（1）及 Possion 回归模型（1）的回归结果来看，职业选择能力对农村居民收入增长的影响系数均显著为正，表明职业选择能力对农村居民收入的增长具有显著的正向影响。VA2 - 2 的影响系数分别为 0.922 和 0.77，表明相对于较弱职业选择能力样本而言，较强职业选择能力样本职业选择能力对收入增长的影响要更大。尽管表 3.14 中 Possion 回归模型（1）的回归系数较负二项回归模型（1）的系数更低，但 VA2 - 2 的影响系数大小与方向仍然一致，从模型的拟合程度来看，表 3.14 中负二项回归模型（1）的 AIC 更低，表明其拟合程度更高。表 3.14 中负二项回归模型（1）中 VA2 - 2 的影响系数表明，较强职业选择能力样本职业能力对收入增长的正向影响比较弱职业选择能力样本大 0.922 个百分点。二是从表 3.14 中负二项回归模型（2）的回归结果来看，职业选择能力变量 VA2 - 2 与年龄、地区 2、民族特征变量的交叉项系数均显著，与性别、地区 1 特征变量的交叉项系数不显著，表明相对于较弱职业选择能力样本而言，较强职业选择能力样本的职业能力对收入增长的影响具有显著的年龄、民族及部分地区的差异性，VA2 - 2 与年龄、地区 2、民族特征变量的交叉项系数分别为 - 0.72、0.996、- 0.37，表明较强职业选择能力样本职业选择能力对收入的正向影响大于较弱职业能力样本的特征在 1980 年前群体、东部地区、少数民族群体表现更为显著。从表 3.14 中 Possion 回归模型（2）的回归结果来看，职业选择能力变量 VA2 - 2 与年龄、地区、性别、民族特征变量的交叉项系数均显著且分别为 - 0.6、0.41、1.45、0.52、- 0.64，表明相对于较弱职业选择能力样本而言，较强职业选择能力样本的职业能力对收入增长的影响具有显著的年龄、地区、性别、民族的差异性，且较强职业选择能力样本职业选择能力对收入的正向影响大于较弱职业能力样本的特征在 1980 年前群体、东部及中部地区、男性群体及少数民族群体表现更为显著。

表 3.14　　　职业选择能力对收入的影响（非农业与农业领域间）

变量		系数			
		负二项回归模型（1）	Possion 回归模型（1）	负二项回归模型（2）	Possion 回归模型（2）
	C	8.760 ***	8.79 ***	8.740 ***	8.78 ***
解释变量	VA2 - 2	0.922 ***	0.77 ***	0.996 ***	0.68 ***
控制变量	AGE	0.710 ***	0.57 ***	0.897 ***	0.89 ***
	DIS1	- 0.320 ***	- 0.35 ***	- 0.270 ***	- 0.48 ***
	DIS2	- 0.210 ***	0.10 ***	- 0.460 ***	- 0.72 ***
	ETH	0.660 ***	0.69 ***	0.670 ***	0.93 ***
	SEX	0.690 ***	0.61 ***	0.690 ***	0.36 ***
交叉变量	AGE * VA2 - 2	—	—	- 0.720 ***	- 0.60 ***
	DIS1 * VA2 - 2	—	—	0.160	0.41 ***
	DIS2 * VA2 - 2	—	—	0.996 ***	1.45 ***
	SEX * VA2 - 2	—	—	0.040	0.52 ***
	ETH * VA2 - 2	—	—	- 0.370 **	- 0.64 ***
方程拟合度统计量	AIC	21.84	78 267	21.79	75 817

注：以上数据根据计量分析结果整理而得，其中 ***、**、* 分别表示在 1%、5%、10% 的显著水平上通过检验。

从农村居民在非农内部的职业选择能力对收入的影响来看（见表 3.15）：一是从表 3.15 中负二项回归模型（1）及模型（2）的回归结果来看，职业选择能力对农村居民收入增长的影响均不显著，但从表 3.15 中 Possion 回归模型（1）和模型（2）来看均显著，表现为职业选择能力对农村居民收入的增长具有显著的正向影响，且相对于较低职业选择能力样本而言，较高职业选择能力样本的职业能力对收入增长的影响具有显著的年龄、民族、地区及性别差异性。

表 3.15   职业选择能力对收入的影响（非农内部）

变量		系数			
		负二项回归模型（1）	Possion 回归模型（1）	负二项回归模型（2）	Possion 回归模型（2）
C		9.76 ***	9.52 ***	9.730 ***	9.33 ***
解释变量	VA2 - 3	- 0.07	- 0.13 ***	0.100	0.45 ***
控制变量	AGE	0.17 **	0.28 ***	0.210 **	0.36 ***
	DIS1	- 0.11	- 0.07 ***	- 0.140	- 0.04 ***
	DIS2	0.53 ***	0.72 ***	0.520 ***	0.81 ***
	ETH	0.30 *	0.28 ***	0.310	0.28 ***
	SEX	0.72 ***	0.86 ***	0.770 ***	0.95 ***
交叉变量	AGE * VA2 - 3	—	—	- 0.150	- 0.33 ***
	DIS1 * VA2 - 3	—	—	0.040	- 0.06 ***
	DIS2 * VA2 - 3	—	—	- 0.020	- 0.29 ***
	SEX * VA2 - 3	—	—	- 0.180	- 0.35 ***
	ETH * VA2 - 3	—	—	- 0.008	0.05 ***
方程拟合度统计量	AIC	23.53	114 596	23.54	113 900

注：以上数据根据计量分析结果整理而得，其中 *** 、** 、* 分别表示在1%、5%、10%的显著水平上通过检验。

由此可知，农村居民在农业及非农业间的职业选择能力差异对收入的影响具有绝对显著的影响，且表现为绝对显著的年龄和部分地区差异性，而在非农业内部的职业选择能力差异对收入的影响不具有绝对显著的影响。

（2）职业技术能力与农村居民增收。

从第一种职业技术能力定级方式实证研究职业技术能力对收入的影响结果来看（见表3.16）：一是从表3.16中负二项回归模型（1）及 Possion 回归模型（1）的回归结果来看，职业技术能力对农村居民收入增长的影响系数均显著为正，表明职业技术能力对农村居民收入的增长具有显著的正向影响。VA1-1-1和VA1-1-2的影响系数分别为0.3、0.326和0.86、0.858，表明相对于低等职业技术能力样本而言，中等和上等职业技术能力样本职业技术能力对收入增长的影响要更大。表3.16中Possion回归模型（1）和负二项回归模型（1）中VA1-1-1与VA1-1-2的影响系数大小与方向仍然基本一致，但从模型的拟合程度来看，负二项回归模型（1）的AIC更低，表明其拟合程度更高。两个模型VA1-1-1的影响系数均约为0.3，表明中等和上等职业技术能力样本职业技术能力对收入增长的正向影响比低等职业技术能力样本分别大0.3个百分点。二是从负二项回归模型（2）的回归结果来看，职业技术能力变量VA1-1-1与年龄、地区、民族、性别特征变量的交叉项系数均不显著，表明相对于低等职业技术能力样本而言，中等职业技术能力样本的职业技术能力对收入增长的影响不具有显著的年龄、地区、民族、性别的差异性。从表3.16中Possion回归模型（2）的回归结果来看，职业技术能力变量VA1-1-1与年龄、地区、性别特征变量的交叉项系数均显著且分别为0.087、-0.124、0.13、0.041，表明相对于低等职业技术能力样本而言，中等职业技术能力样本的职业技术能力对收入增长的影响具有显著的年龄、地区、性别的差异性，且中等职业技术能力样本职业技术能力对收入的正向影响大于低等职业技术能力样本的特征在1980年后群体、东部地区、男性群体表现更为显著。从负二项回归模型（3）的回归结果来看，职业技术能力变量VA1-1-2与年龄、地区、民族、性别特征变量的交叉项系数均不显著，表明相对于低等职业技术能力样本而言，上等职业技术能力样本的职业技术能力对收入增长的影响不具有显著的年龄、地区、民族、性别的差异性。从表3.16中Possion回归模型（3）的回归结果来看，职业技术能力变量VA1-1-2与年龄、地区、性别特征变量的交叉项系数均显著且分别为-0.25、0.022、-0.109、0.094，表明相对于低等职业技术能力样本而言，上等职业技术能力样本的职业技术能力对收入增长的影响具有显著的年龄、地区、性别的差异性，且上等职业技术能力样本职业技术能力对收入的正向影响大于低等职业技术能力样本的特征在1980年前群体、中部地区、男性群体表现更为显著。

表 3.16 职业技术能力对收入的影响（1）

变量		系数					
		负二项回归模型（1）	Possion 回归模型（1）	负二项回归模型（2）	Possion 回归模型（2）	负二项回归模型（3）	Possion 回归模型（3）
C		9.690 ***	9.670 ***	9.700 ***	9.720 ***	9.6900 ***	9.660 ***
解释变量	VA1 – 1 – 1	0.300 ***	0.326 ***	0.287 **	0.223 ***	0.3025 ***	0.329 ***
	VA1 – 1 – 2	0.860 ***	0.858 ***	0.855 ***	0.853 ***	0.8990 ***	0.930 ***
控制变量	AGE	0.114 **	0.096 ***	0.103 *	0.056 ***	0.1240 **	0.121 ***
	DIS1	0.047	0.053 ***	0.103	0.103 ***	0.0430	0.041 ***
	DIS2	0.389 ***	0.410 ***	0.355 ***	0.353 ***	0.3920 ***	0.417 ***
	ETH	0.183 *	0.176 ***	0.178 *	0.174 ***	0.1740 *	0.170 ***
	SEX	0.368 ***	0.382 ***	0.357 ***	0.360 ***	0.3640 ***	0.375 ***
交叉变量	AGE * VA1 – 1 – 1	—	—	0.012	0.087 ***	—	—
	AGE * VA1 – 1 – 2	—	—	—	—	– 0.2110	– 0.250 ***
	DIS1 * VA1 – 1 – 1	—	—	– 0.140	– 0.124 ***	—	—
	DIS1 * VA1 – 1 – 2	—	—	—	—	0.0160	0.022 ***
	DIS2 * VA1 – 1 – 1	—	—	0.099	0.130 ***	—	—
	DIS2 * VA1 – 1 – 2	—	—	—	—	– 0.0790	– 0.109 ***
	SEX * VA1 – 1 – 1	—	—	0.013	0.041 ***	—	—
	SEX * VA1 – 1 – 2	—	—	—	—	0.0850	0.094 ***
	ETH * VA1 – 1 – 1	—	—	—	—	—	—
	ETH * VA1 – 1 – 2	—	—	—	—	—	—
方程拟合度统计量	AIC	22.96	22 104	22.96	21 966	22.96	22 028

注：以上数据根据计量分析结果整理而得，其中 *** 、** 、* 分别表示在 1%、5%、10% 的显著水平上通过检验。

从第二种职业技术能力定级方式实证研究职业技术能力对收入的影响结果来看（见表 3.17）：一是从表 3.17 中负二项回归模型（1）及 Possion 回归模型（1）的回归结果来看，职业技术能力对农村居民收入增长的影响系数均显著为正，表明职业技术能力对农村居民收入的增长具有显著的正向影响。VA1 – 2 的影响系数分别为 0.266 和 0.28，表明职业技术能力越高，其对收入增长的正向影响越大，表 3.17 中 Possion 回归模型（1）与负二项回归模型

（1）中，VA1－2 的影响系数大小与方向基本一致，从模型的拟合程度来看，表 3.17 中负二项回归模型（1）的 AIC 更低，表明其拟合程度更高。两个模型 VA1－2 的影响系数均约为 0.3，表明农村居民职业技术能力每增加一个等级，其收入将增加 0.3 个百分点。二是从表 3.17 中负二项回归模型（2）的回归结果来看，职业技术能力变量 VA1－2 与年龄、地区、性别特征变量的交叉项系数均不显著，表明职业技术能力对收入增长的影响不具有显著的年龄、民族及地区差异性。从表 3.17 中 Possion 回归模型（2）的回归结果来看，职业技术能力变量 VA1－2 与年龄、地区、性别特征变量的交叉项系数均显著且分别为－0.071、0.001、0.036、0.043，表明职业技术能力对收入增长的影响具有显著的年龄、地区、性别差异性，且职业技术能力对收入增长的正向影响在 1980 年前群体、东部地区、男性群体表现更为显著。

表 3.17　　　　　　　　职业技术能力对收入的影响（2）

变量		系数			
		负二项回归模型（1）	Possion 回归模型（1）	负二项回归模型（2）	Possion 回归模型（2）
C		9.420 ***	9.380 ***	9.430 ***	9.960 ***
解释变量	VA1－2	0.266 ***	0.280 ***	0.258 ***	0.258 ***
控制变量	AGE	0.109 **	0.083 ***	0.223 **	0.219 ***
	DIS1	0.053	0.059 ***	0.085	0.054 ***
	DIS2	0.370 ***	0.392 ***	0.309 **	0.322 ***
	ETH	0.180 *	0.176 ***	0.175 *	0.171 ***
	SEX	0.350 ***	0.366 ***	0.297 ***	0.284 ***
交叉变量	AGE * VA1－2	—	—	－0.071	－0.071 ***
	DIS1 * VA1－2	—	—	－0.020	0.001 **
	DIS2 * VA1－2	—	—	0.037	0.036 ***
	SEX * VA1－2	—	—	0.033	0.043 ***
方程拟合度统计量	AIC	22.95	21 592	22.95	21 519

注：以上数据根据计量分析结果整理而得，其中 ***、**、* 分别表示在 1%、5%、10% 的显著水平上通过检验。

由此可知，农村居民在非农业内部的职业技术能力差异对收入的影响具有绝对显著的影响，但未表现绝对显著的年龄、地区、性别及民族群体差异性。

3.4.4　结论与启示

在农村居民收入来源多样化的背景下，工资性收入仍然占据主导地位，职业选择、职业技能是决定工资性收入的关键因素。职业选择、职业技能对农村居民收入的增长到底有多大影响？如何影响？以及是否有群体差异性？本书利用 CGSS2015 年的数据，对这一系列问题进行了研究，结论具体如下：

第一，职业选择能力的提高对农村居民收入增长具有显著的影响，且这种影响具有群体差异性。农村居民不管是在农业及非农业间的职业选择能力差异，还是在非农业内部的职业选择能力差异都对收入增长具有显著影响，且表现为职业选择能力越高，其收入增长的速度越快。农业及非农业间的职业选择能力对农村居民收入增长的正向影响具有显著的年龄和地区差异性。

第二，非农业内部职业技术能力的提高对农村居民收入增长具有显著的影响，但未表现出显著的群体差异性。非农业内部职业技术能力越强其对农村居民收入增长的正向作用越强。

以上结论为研究职业能力提升促进农村居民收入增长提供了实证方面的支持。职业选择能力的提升不仅可以增强农村居民进入较为优质的劳动力市场的竞争力，而且使其由被动选择转化为主动选择，提高职业选择的有效性，为职业发展奠定基础，从而为收入的增长提供保障。职业技术能力的提升不仅是收入获得和增长的基础，也是职业发展的保障。因此，在农村居民职业选择及技术能力都比较薄弱的背景下，应该一方面提供农村居民提升其职业选择及技术能力的多元化途径，另一方面要降低其职业能力提升的内在约束，使农村居民既要主动提升其职业能力，又要具备可实现的主、客观条件。

第4章

农村居民教育资本与职业能力关系

4.1 教育资本与职业选择能力

　　教育作为重要的人力资本形成方式，其对农村居民的职业选择能力尤其是在农业及非农业间职业选择能力有重要影响，国内外众多学者对该问题进行了研究，大量研究结果表明，教育对职业选择能力具有显著的正向影响，如阿巴施瓦兹（Aba Schwartz，1973）研究认为文化程度越高，获取就业信息就越具有优势；赵耀辉（1997）研究认为教育程度对农村劳动力选择非农就业具有显著影响；周其仁（1997）研究认为拥有较高人力资本的劳动者能够更主动地对流动机会做出反应；孟欣和张君森（Meng Xin & Zhang Junsen，2001）研究认为教育、职业培训对农民工和本地居民选择同类职业存在不同影响；艾伦·德·布劳等（Alan de Brauw et al.，2002）研究认为人力资本是影响农村劳动力非农就业选择的关键因素；张等（Zhang et al.，2002）研究认为教育水平在决定劳动力向工业部门转移发挥越来越重要的作用；姚先国、俞玲（2006）研究认为文化程度对农民工成为管理、专业技术人员及公司职员的影响最为显著；杨晓军、陈浩（2008）研究认为文化程度对农民工的职业选择存在显著影响；曾旭晖（2016）研究认为教育在总体上促进了农民非农就业转移；柳建平、刘卫兵（2018）研究认为劳动者受教育水平的提高能够显著高其非农业就业或更高层次职业的选择机会。由此可知，正规和非正规教育是农村居民职业选择能力提升的重要途径，教育的可得是农村居民通过教育提升职业选择能力的核心。本书通过 CGSS 历年数据，从总体和不同群体比较的视角具体分析农村居民教育与职业选择能力的关系。

4.1.1　教育资本与职业选择能力的总体关系

为详细分析农村居民教育资本与职业选择能力的关系，利用 CGSS 数据中农村样本的"目前工作状况"及"工作单位性质"两个指标综合来衡量样本的职业选择能力，在衡量农村居民职业能力指标选择及职业能力判断时，认为有非农工作经验的样本比无非农工作经验的样本的职业选择能力要强，从事非农后继而又选择从事农业的样本的职业能力比从事非农后无工作样本的职业能力弱，从事非农工作的样本在私企或民营企业工作的职业选择能力弱于在集体、国企、外资企业或港澳台企业。鉴于以上准则，将具有"从未工作过""目前无工作，且只务过农""务农，且未从事过非农工作""务农，且有过非农工作""无工作，且曾经有过非农工作""从事非农工作，且在私营或民营企业""从事非农工作，且在事业或集体、国有企业、外资企业、港澳台企业"特征样本的职业选择能力定义为 1～7 级，其代表的职业选择能力从小到大。利用"受教育状况"指标衡量样本的教育资本情况，将具有"小学及以下""初中""高中及以上"特征样本的教育资本状况定义为 1～3 级，其代表教育资本水平从低到高。

从 2008～2015 年农村居民教育资本与职业选择能力的对应关系来看，农村居民受教育程度越高；具有较高等级职业选择能力样本的比重越大，受教育程度越低，具有较低等级职业选择能力样本的比重越大。具有小学及以下阶段教育水平的农村样本中，1～3 级职业选择能力样本的历年平均比重为65.69%，4～5 级职业选择能力样本的历年平均比重为20.65%，6～7 级职业选择能力样本的历年平均比重为13.65%；具有中学阶段教育水平的农村样本中，1～3 级职业选择能力样本的历年平均比重为37.92%，4～5 级职业选择能力样本的历年平均比重为28.86%，6～7 级职业选择能力样本的历年平均比重为33.22%；具有高中及以上阶段教育水平的农村样本中，1～3 级职业选择能力样本的历年平均比重为26.66%，4～5 级职业选择能力样本的历年平均比重为20.68%，6～7 级职业选择能力样本的历年平均比重为52.66%。由此可知，农村居民受教育程度越高，职业选择能力提升的可能性越大（见表4.1）。

表 4.1		不同教育资本水平下的职业选择能力					（%）
教育阶段	职业选择能力等级	2008 年	2010 年	2011 年	2012 年	2013 年	2015 年
小学及以下	1	2.43	3.65	3.04	3.35	4.17	4.66
	2	9.21	12.78	11.56	11.99	15.32	21.41
	3	54.82	46.69	52.01	48.17	46.88	42.02
	4	12.16	17.28	11.85	12.14	15.44	11.29
	5	5.56	5.23	6.07	7.52	8.21	11.16
	6	9.47	12.04	14.10	14.79	7.60	7.68
	7	6.34	2.32	1.37	2.03	2.39	1.77
初中	1	4.01	4.20	2.56	2.97	4.10	3.75
	2	5.51	7.36	5.43	4.89	9.10	12.01
	3	29.70	25.45	26.13	25.36	27.59	27.40
	4	12.91	19.56	13.11	14.25	16.54	12.54
	5	10.90	10.74	12.60	12.91	17.58	19.52
	6	25.44	28.78	35.25	35.83	19.04	19.59
	7	11.53	3.91	4.92	3.78	6.05	5.18
高中及以上	1	8.60	15.57	13.86	10.75	16.98	14.58
	2	1.72	2.94	2.54	2.53	3.72	3.62
	3	14.90	10.72	9.93	10.22	8.32	8.48
	4	8.88	11.16	7.16	5.69	6.24	5.38
	5	8.31	11.75	13.39	14.12	15.22	16.75
	6	32.38	34.65	36.72	40.57	27.38	28.02
	7	25.21	13.22	16.40	16.12	22.12	23.16

数据来源：根据历年 CGSS 数据整理。

4.1.2　性别差异视角下教育资本与职业选择能力关系

不同性别群体一方面由于其自然的性别属性特征不同而具有差异化的教育资本水平；另一方面，由于面临差异化的社会文化背景，也使其产生教育资本水平的差异，教育资本的性别差异是否会影响其职业选择能力和影响程度有多大是研究教育资本与职业选择能力的重要的内容维度之一，因此本书将 CGSS 农村居民的数据按性别特征分成男性与女性样本，从性别差异的视角比较不同教育资本水平样本职业选择能力的差异及变化。具体如下：

从历年不同性别群体农村居民教育资本水平与职业选择能力的对应关系

来看，一方面，男性及女性群体中农村居民受教育程度越高，其具有较高等级职业选择能力样本的比重越大，受教育程度越低，其具有较低等级职业选择能力样本的比重越大。农村居民男性群体具有小学及以下阶段教育水平的样本中，1～3级职业选择能力样本的历年平均比重为61.87%，4～5级职业选择能力样本的历年平均比重为26.57%，6～7级职业选择能力样本的历年平均比重为11.56%；具有中学阶段教育水平的样本中，1～3级职业选择能力样本的历年平均比重为41.01%，4～5级职业选择能力样本的历年平均比重为29.25%，6～7级职业选择能力样本的历年平均比重为29.74%；具有高中及以上阶段教育水平的样本中，1～3级职业选择能力样本的历年平均比重为25.45%，4～5级职业选择能力样本的历年平均比重为19.64%，6～7级职业选择能力样本的历年平均比重为54.91%。农村居民女性群体具有小学及以下阶段教育水平的样本中，1～3级职业选择能力样本的历年平均比重为71.07%，4～5级职业选择能力样本的历年平均比重为20.49%，6～7级职业选择能力样本的历年平均比重为8.45%；具有中学阶段教育水平的样本中，1～3级职业选择能力样本的历年平均比重为45%，4～5级职业选择能力样本的历年平均比重为34.44%，6～7级职业选择能力样本的历年平均比重为20.56%；具有高中及以上阶段教育水平的样本中，1～3级职业选择能力样本的历年平均比重为27.99%，4～5级职业选择能力样本的历年平均比重为24.79%，6～7级职业选择能力样本的历年平均比重为47.22%。

另一方面，农村居民女性群体各教育资本水平样本中具有较高职业选择能力样本的历年平均比重均小于男性，具有较低职业选择能力样本历年平均比重均大于男性。具有小学及以下阶段教育水平的农村样本中，女性群体1～3级职业选择能力样本的历年平均比重比男性高9.2个百分点，女性群体6～7级职业选择能力样本的历年平均比重比男性低3.11个百分点；具有中学阶段教育水平的农村样本中，女性群体1～3级职业选择能力样本的历年平均比重比男性高3.99个百分点，女性群体6～7级职业选择能力样本的历年平均比重比男性低9.18个百分点；具有高中及以上阶段教育水平的农村样本中，女性群体1～3级职业选择能力样本的历年平均比重比男性高2.54个百分点，女性群体6～7级职业选择能力样本的历年平均比重比男性低7.69个百分点。由此可知，农村居民教育资本对其职业选择能力的影响具有显著的性别差异，教育资本水平的提高对男性职业选择能力提升的影响大于女性（见表4.2）。

表 4.2　性别差异视角下教育资本与职业选择能力

（%）

教育阶段	职业选择能力等级	男性						女性					
		2008 年	2010 年	2011 年	2012 年	2013 年	2015 年	2008 年	2010 年	2011 年	2012 年	2013 年	2015 年
小学及以下	1	1.13	0.97	0.65	1.11	1.82	1.42	3.25	5.13	4.07	4.65	5.36	6.21
	2	4.51	6.26	5.50	6.25	6.91	15.62	12.15	16.37	14.19	15.30	19.59	24.17
	3	47.63	40.19	45.95	42.92	45.09	44.83	59.32	50.27	54.63	51.20	47.78	40.68
	4	19.19	26.29	19.09	19.03	26.18	17.24	7.77	12.32	8.71	8.17	9.98	8.45
	5	3.84	4.73	6.80	5.83	4.36	9.33	6.64	5.51	5.76	8.49	10.17	12.04
	6	14.45	17.66	19.42	21.81	10.91	9.13	6.36	8.95	11.80	10.74	5.91	6.99
	7	9.26	3.89	2.59	3.06	4.73	2.43	4.52	1.45	0.84	1.44	1.20	1.46
初中	1	1.74	1.71	0.62	0.75	1.13	1.14	6.33	6.83	4.49	5.58	6.99	5.97
	2	3.47	4.56	2.06	2.47	5.64	7.52	7.59	10.30	8.78	7.74	12.47	15.83
	3	30.77	24.03	26.13	25.78	30.32	32.35	28.61	26.95	26.12	24.87	24.93	23.19
	4	17.12	23.58	17.49	18.69	23.27	17.97	8.61	15.33	8.78	9.01	10.00	7.92
	5	3.97	7.18	5.76	6.12	9.87	11.27	17.97	14.49	19.39	20.94	25.07	26.53
	6	28.78	33.60	41.56	41.78	21.58	22.88	22.03	23.71	28.98	28.81	16.58	16.81
	7	14.14	5.35	6.38	4.40	8.18	6.86	8.86	2.40	3.47	3.05	3.97	3.75
高中及以上	1	6.53	11.47	12.09	8.50	14.82	10.82	11.33	20.59	15.60	13.73	19.35	18.59
	2	0.50	1.87	2.79	1.85	2.51	3.61	3.33	4.25	2.29	3.43	5.07	3.63
	3	15.58	12.53	13.02	12.94	10.02	11.02	14.00	8.50	6.88	6.62	6.45	5.77
	4	11.56	14.93	9.30	8.32	8.35	9.42	5.33	6.54	5.05	2.21	3.92	1.07
	5	5.53	6.40	9.30	8.32	9.60	10.22	12.00	18.30	17.43	21.81	21.43	23.72
	6	30.65	37.87	40.00	41.96	30.48	31.46	34.67	30.72	33.49	38.73	23.96	24.36
	7	29.65	14.93	13.49	18.11	24.22	23.45	19.33	11.11	19.27	13.48	19.82	22.86

数据来源：根据历年 CGSS 数据整理。

4.1.3　地区差异视角下教育资本与职业选择能力关系

不同地区农村居民一方面由于其所拥有的自然资源条件不同而具有差异化的教育资本需求；另一方面，由于面临差异化的社会、经济、文化背景，也使其产生教育资本获得的能力差异，教育资本的地区差异是否会影响农村居民职业选择能力的差异和影响程度有多大是研究教育资本与职业选择能力关系的重要的内容维度之一，因此本书将 CGSS 农村居民的数据按地区经济发展特征分成东部地区、中部地区及西部地区样本，从地区差异的视角比较不同教育资本水平样本职业选择能力的差异及变化。具体如下：

从历年不同地区农村居民教育资本水平与职业选择能力的对应关系来看，一方面，东、中、西部各地区农村居民受教育程度越高，其具有较高等级职业选择能力样本的比重越大；受教育程度越低，其具有较低等级职业选择能力样本的比重越大。东部地区具有小学及以下阶段教育水平的农村样本中，1～3 级职业选择能力样本的历年平均比重为 49.47%，4～5 级职业选择能力样本的历年平均比重为 27.72%，6～7 级职业选择能力样本的历年平均比重为 22.81%；具有中学阶段教育水平的农村样本中，1～3 级职业选择能力样本的历年平均比重为 25.71%，4～5 级职业选择能力样本的历年平均比重为 29.35%，6～7 级职业选择能力样本的历年平均比重为 44.94%；具有高中及以上阶段教育水平的农村样本中，1～3 级职业选择能力样本的历年平均比重为 13.33%，4～5 级职业选择能力样本的历年平均比重为 13.81%，6～7 级职业选择能力样本的历年平均比重为 72.86%。中部地区具有小学及以下阶段教育水平的农村样本中，1～3 级职业选择能力样本的历年平均比重为 71.66%，4～5 级职业选择能力样本的历年平均比重为 21.26%，6～7 级职业选择能力样本的历年平均比重为 7.09%；具有中学阶段教育水平的农村样本中，1～3 级职业选择能力样本的历年平均比重为 49.05%，4～5 级职业选择能力样本的历年平均比重为 34.54%，6～7 级职业选择能力样本的历年平均比重为 16.41%；具有高中及以上阶段教育水平的农村样本中，1～3 级职业选择能力样本的历年平均比重为 34.89%，4~5 级职业选择能力样本的历年平均比重为 29.06%，6~7 级职业选择能力样本的历年平均比重为 35.51%；西部地区具有小学及以下阶段教育水平的农村样本中，1~3 级职业选择能力样本的历年平均比重为 71.01%，4~5 级职业选择能力样本的历年平均比重为 21.23%，6~7 级职业选择能力样本的历年平均比重为 5.67%；具有中学阶段教育水平的农村样本中，1~3 级职业选择能力样本的历年平均比重为 52.17%，4~5 级职业选择能力样本的历年平均比重为 30.98%，6~7 级职业选择能力样本的历年平均比重为 16.85%；具有高中及以上阶段教育水平的农村样本中，1~3 级职业选择能力样本的历年平均比重为 39.82%，4~5 级职业选择能力样本的历年平均比重为 26.99%，6~7 级职业选择能力样本的历年平均比重为 33.19%。

另一方面，西部地区各教育资本水平农村样本中具有较高职业选择能力样本的历年平均比重均小于中部和东部地区，具有较低职业选择能力样本历年平均比重均大于中部和东部地区，具有小学及以下阶段教育水平的农村样本中，西部地区农村居民 1~3 级职业选择能力样本的历年平均比重比中部和东部地区分别高 1.44 个和 23.63 个百分点，西部地区农村居民 6~7 级职业选择能力样本的历年平均比重比中部和东部地区分别低 1.42 个和 17.14 个百分点；具有中学阶段教育水平的农村样本中，西部地区农村居民 1~3 级职业选择能力样本的历年平均比重比中部和东部地区分别高 3.12 个和 26.46 个百分点，西部地区农村居民 6~7 级职业选择能力样本的历年平均比重比东部地区低 28.09 个百分点；具有高中及以上阶段教育水平的样本中，西部地区农村居民 1~3 级职业选择能力样本的历年平均比重比中部地区和东部地区分别高 4.93 个和 26.49 个百分点，西部地区农村居民 6~7 级职业选择能力样本的历年平均比重比中部地区和东部地区分别低 2.32 个和 39.67 个百分点。由此可知，农村居民教育资本对其职业选择能力的影响具有显著的地区差异，教育资本水平的提高对东部地区职业选择能力提升的影响大于中部地区和西部地区（见表 4.3）。

表 4.3　地区差异视角下教育资本与职业选择能力

（%）

教育阶段	职业选择能力等级	东				中				西			
		2010年	2011年	2013年	2015年	2010年	2011年	2013年	2015年	2010年	2011年	2013年	2015年
小学及以下	1	4.18	4.51	5.47	4.56	5.31	3.71	5.09	6.44	2.23	1.85	2.60	2.92
	2	14.36	9.02	18.01	18.95	14.15	14.85	19.01	25.28	10.29	6.88	10.26	18.64
	3	27.94	33.83	27.33	25.96	47.48	50.44	48.80	39.94	52.91	61.90	54.21	51.54
	4	11.75	6.02	9.97	7.02	15.78	10.92	12.57	11.76	22.06	15.08	20.98	12.80
	5	9.40	10.53	14.47	20.70	4.90	7.21	7.93	9.50	3.59	3.44	5.51	8.43
	6	29.50	30.83	20.58	18.60	10.20	12.45	4.64	5.96	6.69	9.52	4.44	4.38
	7	2.87	5.26	4.18	4.21	2.18	0.44	1.95	1.13	2.23	1.32	1.99	1.30
初中	1	2.02	2.70	2.99	4.42	7.00	3.27	4.57	3.11	3.06	1.52	4.47	4.08
	2	4.49	4.73	7.73	7.01	7.75	6.54	9.62	15.37	8.57	5.70	9.65	11.96
	3	10.34	8.78	12.97	14.29	29.96	28.76	36.54	30.57	28.37	40.30	28.47	36.14
	4	10.11	8.11	7.23	6.23	22.21	12.42	15.33	14.34	26.12	19.39	27.06	16.30
	5	14.61	14.86	18.70	23.12	8.49	14.81	17.94	20.21	11.02	7.60	16.00	14.67
	6	51.24	49.32	38.40	36.62	22.21	30.72	12.23	12.61	19.39	22.05	10.59	12.77
	7	7.19	11.49	11.97	8.31	2.38	3.49	3.75	3.80	3.47	3.42	3.76	4.08
高中及以上	1	15.75	9.85	13.54	7.62	15.31	16.08	18.18	18.38	16.29	20.75	20.87	22.12
	2	1.10	2.27	2.60	1.43	5.10	2.80	6.55	4.36	3.93	2.83	2.36	6.64
	3	4.40	5.30	2.34	4.29	14.80	15.38	16.73	12.15	12.36	12.26	8.27	11.06
	4	5.49	4.55	1.82	1.43	13.27	6.29	8.36	7.79	17.98	12.26	10.63	9.29
	5	11.72	13.64	12.76	12.38	9.69	11.19	16.00	21.81	12.92	13.21	18.11	17.70
	6	44.69	43.18	39.58	39.76	33.16	34.97	19.64	21.50	23.60	22.64	17.32	15.49
	7	16.85	21.21	27.34	33.10	8.67	13.29	14.55	14.02	12.92	16.04	22.44	17.70

数据来源：根据历年 CGSS 数据整理。

4.1.4　年龄差异视角下教育资本与职业选择能力关系

不同年龄群体一方面由于其年龄属性特征不同而具有差异化的教育资本水平；另一方面，由于其经历差异化的社会文化成长环境，也使其产生教育资本水平差异，教育资本水平的年龄差异是否会影响农村居民职业选择能力和影响程度有多大是研究教育资本与职业选择能力关系的重要的内容维度之一，因此本书将 CGSS 农村居民的数据按年龄特征分成 1980 年后样本与 1980 年前样本，从年龄差异的视角比较不同教育资本水平样本职业选择能力的差异及变化。具体如下：

从历年不同年龄群体农村居民教育资本水平与职业选择能力的对应关系来看，一方面，1980 年后群体及 1980 年前群体中农村居民受教育程度越高，其具有较高等级职业选择能力样本的比重越大，受教育程度越低，其具有较低等级职业选择能力样本的比重越大。农村居民 1980 年后群体具有小学及以下阶段教育水平的样本中，1～3 级职业选择能力样本的历年平均比重为46.51%，4～5 级职业选择能力样本的历年平均比重为 37.98%，6～7 级职业选择能力样本的历年平均比重为 15.5%；具有中学阶段教育水平的样本中，1～3 级职业选择能力样本的历年平均比重为 30.71%，4～5 级职业选择能力样本的历年平均比重为 39.05%，6～7 级职业选择能力样本的历年平均比重为 30.24%；具有高中及以上阶段教育水平的样本中，1～3 级职业选择能力样本的历年平均比重为 26.19%，4～5 级职业选择能力样本的历年平均比重为 20.24%，6～7 级职业选择能力样本的历年平均比重为 53.57%。农村居民1980 年前群体具有小学及以下阶段教育水平的样本中，1～3 级职业选择能力样本的历年平均比重为 70.09%，4～5 级职业选择能力样本的历年平均比重为21.02%，6～7 级职业选择能力样本的历年平均比重为 8.9%；具有中学阶段教育水平的样本中，1～3 级职业选择能力样本的历年平均比重为 48.9%，4～5 级职业选择能力样本的历年平均比重为 28.84%，6～7 级职业选择能力样本的历年平均比重为 22.26%；具有高中及以上阶段教育水平的样本中，1～3 级职业选择能力样本的历年平均比重为 27.44%，4～5 级职业选择能力样本的历年平均比重为 25.07%，6～7 级职业选择能力样本的历年平均比重为47.49%。

另一方面，农村居民1980年前群体各教育资本水平样本中具有较高职业选择能力样本的历年平均比重均小于1980年后群体，具有较低职业选择能力样本历年平均比重均大于1980年后群体。具有小学及以下阶段教育水平的农村样本中，1980年前群体1~3级职业选择能力样本的历年平均比重比1980年后群体高1.25个百分点，1980年前群体6~7级职业选择能力样本的历年平均比重比1980年后群体低6.08个百分点；具有中学阶段教育水平的农村样本中，1980年前群体1~3级职业选择能力样本的历年平均比重比1980年后群体高18.19个百分点，1980年前群体6~7级职业选择能力样本的历年平均比重比1980年后群体低7.98个百分点；具有高中及以上阶段教育水平的农村样本中，1980年前群体1~3级职业选择能力样本的历年平均比重比1980年后群体高23.57个百分点，1980年前群体6~7级职业选择能力样本的历年平均比重比1980年后群体低6.61个百分点。由此可知，农村居民教育资本对其职业选择能力的影响具有显著的年龄差异，教育资本水平的提高对1980年后群体职业选择能力提升的影响大于1980年前群体（见表4.4）。

4.1.5　民族差异视角下教育资本与职业选择能力关系

不同民族群体一方面由于其民族属性特征不同而具有差异化的教育资本水平；另一方面，由于其经历差异化的经济、文化成长环境，也使其产生教育资本的差异，教育资本水平的民族差异是否会影响职业选择能力和影响程度有多大是研究教育资本与职业选择能力关系的重要的内容维度之一，因此本书将 CGSS 农村居民的数据按民族特征分成汉族样本与少数民族样本，从民族差异的视角比较不同教育资本水平下农村居民职业选择能力的差异及变化。具体如下：

从历年不同民族群体农村居民教育资本水平与职业选择能力的对应关系来看，一方面，汉族群体及少数民族群体中农村居民受教育程度越高，其具有较高等级职业选择能力样本的比重越大，受教育程度越低，其具有较低等级职业选择能力样本的比重越大。农村居民汉族群体具有小学及以下阶段教育水平的样本中，1~3级职业选择能力样本的历年平均比重为67.47%，

表 4.4　年龄差异视角下教育资本与职业选择能力

（%）

教育阶段	职业选择能力等级	1980 年后						1980 年前					
		2008 年	2010 年	2011 年	2012 年	2013 年	2015 年	2008 年	2010 年	2011 年	2012 年	2013 年	2015 年
小学及以下	1	4.76	3.62	5.80	6.45	12.08	7.75	2.25	3.65	2.84	3.09	3.37	4.38
	2	4.76	5.07	7.25	8.39	6.04	9.30	9.56	13.35	11.87	12.31	16.26	22.53
	3	28.57	28.26	37.68	23.87	30.20	29.46	56.89	48.04	53.05	50.22	48.52	43.19
	4	22.62	21.01	11.59	18.06	18.12	14.73	11.34	17.00	11.87	11.64	15.18	10.98
	5	16.67	15.94	17.39	16.77	21.48	23.26	4.69	4.45	5.25	6.73	6.88	10.04
	6	16.67	23.19	17.39	22.58	10.74	14.73	8.90	11.23	13.87	14.13	7.29	7.03
	7	5.95	2.90	2.90	3.87	1.34	0.78	6.37	2.28	1.26	1.88	2.50	1.87
初中	1	8.25	7.53	6.13	5.59	6.10	4.76	2.65	3.06	1.26	1.94	3.30	3.29
	2	3.61	2.97	2.68	2.28	5.37	9.52	6.13	8.86	6.43	5.91	10.59	13.16
	3	15.46	10.50	12.26	11.18	17.07	16.43	34.27	30.59	31.19	30.91	31.78	32.46
	4	6.19	17.81	9.58	9.52	13.90	9.05	15.07	20.16	14.41	16.10	17.59	14.14
	5	25.26	21.69	20.31	24.22	28.54	30.00	6.29	6.98	9.79	8.50	13.22	14.69
	6	31.44	36.30	45.59	43.69	24.63	26.43	23.51	26.20	31.47	32.77	16.81	16.45
	7	9.79	3.20	3.45	3.52	4.39	3.81	12.09	4.16	5.45	3.88	6.71	5.81
高中及以上	1	21.32	32.01	26.94	19.71	28.43	22.45	0.47	2.38	0.47	1.69	2.48	2.37
	2	0.74	1.32	2.28	1.26	0.98	1.70	2.35	4.23	2.80	3.81	7.20	6.60
	3	0.74	0.66	0.00	1.47	2.55	2.04	23.94	18.78	20.09	19.07	15.63	18.47
	4	3.68	4.29	3.20	1.89	2.55	2.21	12.21	16.67	11.21	9.53	10.92	10.29
	5	11.03	14.85	13.70	16.98	17.45	18.03	6.57	9.26	13.08	11.23	12.41	14.78
	6	36.03	35.97	36.99	43.61	29.41	32.48	30.05	33.60	36.45	37.50	24.81	21.11
	7	26.47	10.89	16.89	15.09	18.63	21.09	24.41	15.08	15.89	17.16	26.55	26.39

数据来源：根据历年 CGSS 数据整理。

4~5级职业选择能力样本的历年平均比重为22.34%，6~7级职业选择能力样本的历年平均比重为10.19%；具有初中阶段教育水平的样本中，1~3级职业选择能力样本的历年平均比重为42.47%，4~5级职业选择能力样本的历年平均比重为31.21%，6~7级职业选择能力样本的历年平均比重为26.32%；具有高中及以上阶段教育水平的样本中，1~3级职业选择能力样本的历年平均比重为25.45%，4~5级职业选择能力样本的历年平均比重为22.21%，6~7级职业选择能力样本的历年平均比重为52.34%。农村居民少数民族群体具有小学及以下阶段教育水平的样本中，1~3级职业选择能力样本的历年平均比重为72.31%，4~5级职业选择能力样本的历年平均比重为23.59%，6~7级职业选择能力样本的历年平均比重为4.1%；具有初中阶段教育水平的样本中，1~3级职业选择能力样本的历年平均比重为50.41%，4~5级职业选择能力样本的历年平均比重为39.67%，6~7级职业选择能力样本的历年平均比重为9.92%；具有高中及以上阶段教育水平的样本中，1~3级职业选择能力样本的历年平均比重为42.03%，4~5级职业选择能力样本的历年平均比重为21.74%，6~7级职业选择能力样本的历年平均比重为36.23%。

另一方面，农村居民少数民族群体各教育资本水平样本中具有较高职业选择能力样本的历年平均比重均小于汉族群体，具有较低职业选择能力样本历年平均比重均大于汉族群体。具有小学及以下阶段教育水平的农村样本中，少数民族群体1~3级职业选择能力样本的历年平均比重比汉族群体高16.58个百分点，少数民族群体6~7级职业选择能力样本的历年平均比重比汉族群体低16.11个百分点；具有初中阶段教育水平的农村样本中，少数民族群体1~3级职业选择能力样本的历年平均比重比汉族群体高7.95个百分点，少数民族群体6~7级职业选择能力样本的历年平均比重比汉族群体低16.41个百分点；具有高中及以上阶段教育水平的农村样本中，少数民族群体1~3级职业选择能力样本的历年平均比重比汉族群体高4.84个百分点，少数民族群体6~7级职业选择能力样本的历年平均比重比汉族群体低6.09个百分点。由此可知，农村居民教育资本对其职业选择能力的影响具有显著的民族差异，教育资本水平的提高对汉族群体职业选择能力提升的影响大于少数民族群体（见表4.5）。

表4.5　民族差异视角下教育资本与职业选择能力

（%）

教育阶段	职业选择能力等级	汉族						少数民族					
		2008年	2010年	2011年	2012年	2013年	2015年	2008年	2010年	2011年	2012年	2013年	2015年
小学及以下	1	2.57	3.75	3.28	3.56	4.34	4.75	1.43	3.07	0.00	2.00	3.08	4.10
	2	9.59	13.18	11.64	12.30	16.45	21.74	6.43	9.96	10.67	9.60	8.37	18.97
	3	55.19	45.68	51.53	46.06	45.01	40.98	52.14	53.64	57.33	63.20	58.15	49.23
	4	10.39	16.93	11.43	12.36	15.10	10.64	25.00	19.54	17.33	10.80	17.62	15.90
	5	5.74	5.34	6.14	7.81	8.48	11.70	4.29	4.21	5.33	5.20	6.61	7.69
	6	9.59	12.61	14.60	15.86	8.26	8.38	8.57	8.43	8.00	7.20	3.52	2.56
	7	6.92	2.50	1.38	2.04	2.35	1.81	2.14	1.15	1.33	2.00	2.64	1.54
初中	1	3.81	4.03	2.70	2.83	4.14	3.97	6.35	5.71	0.00	4.35	3.70	1.65
	2	5.71	7.29	5.18	5.27	9.05	11.92	3.17	8.00	10.42	1.24	9.63	13.22
	3	30.75	24.20	25.13	22.99	27.15	26.57	17.46	36.57	45.83	47.83	31.85	35.54
	4	11.56	19.32	12.84	13.81	15.34	11.09	28.57	21.71	18.75	18.63	28.15	26.45
	5	10.61	11.00	12.73	13.68	17.87	20.12	14.29	8.57	10.42	5.59	14.81	13.22
	6	25.71	29.99	36.57	37.32	20.02	20.86	22.22	17.71	10.42	21.74	9.63	7.44
	7	11.84	4.16	4.85	4.11	6.44	5.46	7.94	1.71	4.17	0.62	2.22	2.48
高中及以上	1	8.81	16.50	14.25	11.10	17.39	14.06	5.00	6.45	5.56	6.67	12.82	21.74
	2	1.82	2.43	2.66	2.29	3.48	3.46	0.00	8.06	0.00	5.33	6.41	5.80
	3	14.89	9.55	9.66	9.61	7.67	7.92	15.00	22.58	16.67	17.33	15.38	14.49
	4	8.51	10.52	7.00	5.72	5.28	5.13	15.00	17.74	5.56	5.33	16.67	8.70
	5	8.51	11.33	13.04	13.96	15.23	17.08	5.00	16.13	22.22	16.00	15.38	13.04
	6	33.13	36.41	36.96	41.76	28.54	28.68	20.00	16.13	33.33	26.67	14.10	20.29
	7	24.32	13.27	16.43	15.56	22.42	23.66	40.00	12.90	16.67	22.67	19.23	15.94

数据来源：根据历年 CGSS 数据整理。

4.2　教育资本与职业技术能力

人力资本理论认为教育具有生产性功能，能够提高个人能力与生产力水平，其对农村居民的职业技术能力具有显著的正向影响，如纳尔逊与菲尔普斯（Nelson & Phelps，1966）认为教育能提高个人适应环境改变和从事不同工作的能力；韦尔奇（Welch，1970）认为教育能够提升农户的产出技能；法恩（Fane，1975）和霍夫曼（Huffman，1974）认为教育能够提高农民的技术能力；杨（Yang，1997）认为受过更好教育的农民不管他是否从事农业活动，总能提高农业效率；李锋亮和丁小浩（2003）认为教育对劳动者自身生产能力与获利能力具有显著的促进作用；李锋亮、约翰·摩根（W. John Morgan，2008）认为教育显著地促进了劳动者的劳动生产率；范静波（2013）认为教育能通过作用于人力资本的生产过程而提高个人的生产力水平。由此可知，正规和非正规教育也是农村居民职业技术能力提升的重要途径。本书通过CGSS历年数据，从总体和不同群体比较的视角具体分析教育与职业技术能力的关系。

4.2.1　教育资本与职业技术能力的总体关系

为详细分析农村居民教育资本与职业技术能力的关系，利用CGSS数据中农村样本的"工作中的管理活动情况"指标衡量样本的职业技术能力，将具有"只受别人管理，不管理别人""既不管理别人，又不受别人管理""既管理别人，又受别人管理""只管理别人，不受别人管理"特征样本的职业技术能力定义为1~4级，其代表的职业技术能力从小到大。将具有"小学及以下""初中""高中及以上"特征样本的教育资本状况定义为1~3级，其代表教育资本水平从低到高。

从2008~2015年农村居民教育资本与职业技术能力的对应关系来看，农村居民受教育程度越高，其具有较高等级职业技术能力样本的比重越小；受教育程度越低，其具有较高等级职业技术能力样本的比重越大。具有小学及以下阶段教育水平的农村样本中，1~2 级职业技术能力样本的历年平均比重为 61.84%，3~4 级职业技术能力样本的历年平均比重为 38.16%；具有初中阶段教育水平的农村样本中，1~2 级职业选择能力样本的历年平均比重为 61.38%，3~4 级职业技术能力样本的历年平均比重为 38.62%；具有高中及以上阶段教育水平的农村样本中，1~2 级职业技术能力样本的历年平均比重为 72.39%，3~4 级职业技术能力样本的历年平均比重为 27.61%，尽管高中及以上教育阶段样本中第 4 等级职业技术能力的历年平均比重比小学及以下阶段高。由此可知，农村居民受教育程度越高，职业技术能力提升的可能性并不是更大（见表 4.6）。

表 4.6　　　　　不同教育资本水平下的职业技术能力　　　　　（%）

教育阶段	职业技术能力等级	2008 年	2010 年	2011 年	2012 年	2013 年	2015 年
小学及以下	1	68.91	54.38	57.08	55.01	58.44	54.63
	2	4.40	3.92	2.36	4.69	3.33	3.90
	3	23.06	36.41	36.32	34.97	33.78	35.61
	4	3.63	5.30	4.25	5.33	4.44	5.85
初中	1	60.95	47.89	49.57	50.84	53.13	56.53
	2	10.95	7.26	6.44	8.97	7.13	8.62
	3	21.28	35.88	35.62	28.71	32.51	27.83
	4	6.82	8.97	8.37	11.48	7.24	7.02
高中及以上	1	52.31	51.66	54.09	49.26	51.39	55.09
	2	23.46	18.41	13.62	21.60	20.36	23.11
	3	16.92	21.74	21.40	18.66	19.39	14.88
	4	7.31	8.18	10.89	10.47	8.86	6.92

数据来源：根据历年 CGSS 数据整理。

4.2.2 性别差异视角下教育资本与职业技术能力关系

不同性别群体由于其自然的性别属性特征不同及面临差异化的社会文化背景，使其产生教育资本水平的差异，教育资本的性别差异是否会影响其职业技术能力和影响程度有多大是研究教育资本与职业技术能力的重要的内容维度之一，因此本书将 CGSS 农村居民的数据按性别特征分成男性样本与女性样本，从性别差异的视角比较不同教育资本水平样本职业技术能力的差异及变化。具体如下：

从历年不同性别群体农村居民教育资本水平与职业技术能力的对应关系来看，一方面，男性及女性群体中农村居民受教育程度越高，其具有较高等级职业技术能力样本的比重越小；受教育程度越低，其具有较高等级职业技术能力样本的比重越大。农村居民男性群体具有小学及以下阶段教育水平的样本中，1～2 级职业技术能力样本的历年平均比重为 59.02%，3～4 级职业技术能力样本的历年平均比重为 40.98%；具有初中阶段教育水平的样本中，1～2 级职业技术能力样本的历年平均比重为 66.26%，3～4级职业技术能力样本的历年平均比重为 33.74%；具有高中及以上阶段教育水平的样本中，1～2 级职业技术能力样本的历年平均比重为 75.33%，3～4 级职业技术能力样本的历年平均比重为 24.67%。农村居民女性群体具有小学及以下阶段教育水平的样本中，1～2 级职业技术能力样本的历年平均比重为 58.15%，3～4 级职业技术能力样本的历年平均比重为 41.85%；具有初中阶段教育水平的样本中，1～2 级职业技术能力样本的历年平均比重为 63.5%，3～4 级职业技术能力样本的历年平均比重为 36.5%；具有高中及以上阶段教育水平的样本中，1～2 级职业技术能力样本的历年平均比重为 82.28%，3～4 级职业技术能力样本的历年平均比重为 17.72%。

另一方面，农村居民女性群体小学以下及中学教育资本水平样本中具有较高职业技术能力样本的历年平均比重均大于男性，高中及以上教育资本水平样本中具有较高职业技术能力样本的历年平均比重小于男性。具有小学及以下阶段教育水平的农村样本中，女性群体 1～2 级职业技术能力样本的历年平均比重比男性低 0.87 个百分点，女性群体 3～4 级职业技术能力样本的历年平均比重比男性高 0.87 个百分点；具有初中阶段教育水平的农村样本中，女性群体 1~2 级职业技术能力样本的历年平均比重比男性低 2.76 个百分点，女性群体 3~4 级职业技术能力样本的历年平均比重比男性高 2.76 个百分点；具有高中及以上阶段教育水平的农村样本中，女性群体 1~2 级职业技术能力样本的历年平均比重比男性低高 6.95 个百分点，女性群体 3~4 级职业技术能力样本的历年平均比重比男性低 6.95 个百分点。由此可知，农村居民教育资本对其职业技术能力的影响具有微弱的性别差异，男性教育资本与职业技术能力的负向关系弱于女性（见表 4.7）。

4.2.3　地区差异视角下教育资本与职业技术能力关系

不同地区农村居民由于其所拥有的自然资源条件不同及面临差异化的社会、经济、文化背景，使其产生教育资本水平差异，教育资本的地区差异是否会影响收入和影响程度有多大是研究教育资本与职业技术能力关系的重要内容维度之一，因此本书将 CGSS 农村居民的数据按地区经济发展特征分成东部地区、中部地区及西部地区样本，从地区差异的视角比较不同教育资本水平样本职业技术能力的差异及变化。具体如下：

从历年不同地区农村居民教育资本水平与职业技术能力的对应关系来看，一方面，东中西部各地区农村居民受教育程度越高，其具有较高等级职业技术能力样本的比重越小，受教育程度越低，其具有较高等级职业技术能力样本的比重越大。东部地区具有小学及以下阶段教育水平的农村样本中，1~2 级职业技术能力样本的历年平均比重为 64.38%，3~4 级职业技术能力样本的历年平均比重为 35.63%；具有初中阶段教育水平的农村样本中，1~2 级职业技术能力样本的历年平均比重为 69%，3~4 级职业技术能力样本的历年平均比重为 31%；具有高中及以上阶段教育水平的农村样本中，1~2 级职业技术能力样本的历年平均比重为 83.37%，3~4 级职业技术能力样本的历年平均比重为 16.63%。中部地区具有小学及以下阶段教育水平的农村样本中，1~2 级职业技术能力样本的历年平均比重为 52.94%，3~4 级职业技术能力样本的历年平均比重为 47.06%；具有初中阶段教育水平的农村样本中，1~2

级职业技术能力样本的历年平均比重为 62.77%，3~4 级职业技术能力样本的历年平均比重为 37.23%；具有高中及以上阶段教育水平的农村样本中，1~2 级职业技术能力样本的历年平均比重为 70.41%，3~4 级职业技术能力样本的历年平均比重为 29.59%；西部地区具有小学及以下阶段教育水平的农村样本中，1~2 级职业技术能力样本的历年平均比重为 57.02%，3~4 级职业技术能力样本的历年平均比重为 42.98%；具有初中阶段教育水平的农村样本中，1~2 级职业技术能力样本的历年平均比重为 60.38%，3~4 级职业技术能力样本的历年平均比重为 39.62%；具有高中及以上阶段教育水平的农村样本中，1~2 级职业技术能力样本的历年平均比重为 73.43%，3~4 级职业技术能力样本的历年平均比重为 26.57%。

另一方面，西部和中部地区各教育资本水平农村样本中具有较高职业技术能力样本的历年平均比重均大于东部地区，具有较低职业技术能力样本历年平均比重均小于东部地区。具有小学及以下阶段教育水平的农村样本中，西部和中部地区农村居民 1~2 级职业技术能力样本的历年平均比重分别比东部地区低 11.43 个和 7.36 个百分点，3~4 级职业技术能力样本的历年平均比重分别比东部地区高 11.43 个和 7.36 个百分点；具有初中阶段教育水平的农村样本中，西部和中部地区农村居民 1~2 级职业技术能力样本的历年平均比重分别比东部地区低 6.24 个和 8.63 个百分点，3~4 级职业技术能力样本的历年平均比重分别比东部地区高 6.24 个和 8.63 个百分点；具有高中及以上阶段教育水平的样本中，西部地区农村居民 1~2 级职业技术能力样本的历年平均比重分别比东部地区低 12.96 个和 9.95 个百分点，3~4 级职业技术能力样本的历年平均比重分别比东部地区高 12.96 个和 9.95 个百分点。由此可知，农村居民教育资本对其职业技术能力的影响具有显著的地区差异，西部及中部地区教育资本水平与职业技术能力的负向关系弱于东部地区（见表 4.8）。

表 4.7 性别差异视角下教育资本与职业技术能力

（%）

教育阶段	职业技术能力等级	男性						女性					
		2008 年	2010 年	2011 年	2012 年	2013 年	2015 年	2008 年	2010 年	2011 年	2012 年	2013 年	2015 年
小学及以下	1	68.12	55.38	57.69	54.44	58.87	53.55	69.83	53.01	56.48	55.78	57.84	55.51
	2	6.76	5.18	3.85	7.41	4.53	5.46	1.68	2.19	0.93	1.01	1.62	2.64
	3	21.26	33.07	32.69	31.85	30.94	33.33	25.14	40.98	39.81	39.20	37.84	37.44
	4	3.86	6.37	5.77	6.30	5.66	7.65	3.35	3.83	2.78	4.02	2.70	4.41
初中	1	57.20	45.89	45.52	47.83	52.65	56.38	65.20	51.24	56.25	56.69	53.89	56.75
	2	13.62	8.21	8.62	9.78	9.54	9.88	7.93	5.65	2.84	7.39	3.33	6.75
	3	19.46	36.42	35.86	29.53	30.04	25.93	23.35	34.98	35.23	27.11	36.39	30.67
	4	9.73	9.47	10.00	12.86	7.77	7.82	3.52	8.13	5.68	8.80	6.39	5.83
高中及以上	1	47.71	46.94	50.38	44.74	45.51	50.00	58.88	59.59	58.06	56.71	61.51	62.34
	2	26.80	18.78	14.29	25.00	21.88	25.33	18.69	17.81	12.90	16.02	17.74	19.94
	3	17.65	26.12	21.05	19.21	21.23	16.22	15.89	14.38	21.77	17.75	16.23	12.97
	4	7.84	8.16	14.29	11.05	11.38	8.44	6.54	8.22	7.26	9.52	4.53	4.75

数据来源：根据历年 CGSS 数据整理。

表4.8 地区差异视角下教育资本与职业技术能力

（%）

教育阶段	职业技术能力等级	东				中				西			
		2010年	2011年	2013年	2015年	2010年	2011年	2013年	2015年	2010年	2011年	2013年	2015年
小学及以下	1	53.25	64.91	67.66	59.38	51.97	53.85	55.88	49.26	58.02	46.77	50.34	54.39
	2	4.14	1.75	4.19	5.00	1.57	1.28	0.74	3.68	6.11	4.84	4.76	2.63
	3	36.69	29.82	24.55	31.25	40.94	42.31	38.24	38.24	31.30	40.32	40.14	38.60
	4	5.92	3.51	3.59	4.38	5.51	2.56	5.15	8.82	4.58	8.06	4.76	4.39
初中	1	53.80	54.81	60.89	61.46	45.00	46.24	52.53	53.90	40.59	46.81	40.00	49.69
	2	9.94	10.58	7.43	7.55	3.18	3.23	5.72	8.87	8.24	9.57	8.44	10.69
	3	26.90	25.00	23.76	21.56	44.55	41.40	35.02	31.91	42.94	39.36	44.89	35.22
	4	9.36	9.62	7.92	9.43	7.27	9.14	6.73	5.32	8.24	4.26	6.67	4.40
高中及以上	1	57.73	57.78	54.32	56.91	40.00	54.32	51.76	53.06	49.40	51.06	45.05	52.45
	2	22.16	20.00	20.27	26.46	13.00	4.94	18.24	17.35	16.87	12.77	22.53	20.98
	3	9.28	13.33	15.41	9.60	41.00	27.16	21.76	21.43	28.92	23.40	25.27	21.68
	4	10.82	8.89	10.00	7.03	6.00	13.58	8.24	8.16	4.82	12.77	7.14	4.90

数据来源：根据历年CGSS数据整理。

4.2.4　年龄差异视角下教育资本与职业技术能力关系

不同年龄群体由于其年龄属性特征不同及经历差异化的社会文化成长环境，使其产生教育资本水平的差异，教育资本水平的年龄差异是否会影响职业技术能力和影响程度有多大是研究教育资本与职业技术能力关系的重要的内容维度之一，因此本书将 CGSS 农村居民的数据按年龄特征分成1980 年后样本与 1980 年前样本，从年龄差异的视角比较不同教育资本水平样本职业技术能力的差异及变化。具体如下：

从历年不同年龄群体农村居民教育资本水平与职业技术能力的对应关系来看，一方面，1980 年后群体及 1980 年前群体中农村居民受教育程度越高，其具有较高等级职业技术能力样本的比重越小，受教育程度越低，其具有较高等级职业技术能力样本的比重越大。农村居民 1980 年后群体具有小学及以下阶段教育水平的样本中，1~2 级职业技术能力样本的历年平均比重为47.46%，3~4 级职业技术能力样本的历年平均比重为 52.54%；具有中学阶段教育水平的样本中，1~2 级职业技术能力样本的历年平均比重为 72.89%，3~4 级职业技术能力样本的历年平均比重为 27.11%；具有高中及以上阶段教育水平的样本中，1~2 级职业技术能力样本的历年平均比重为 82.02%，3~4 级职业技术能力样本的历年平均比重为 17.98%。农村居民 1980 年前群体具有小学及以下阶段教育水平的样本中，1~2 级职业选择技术能力样本的历年平均比重为 58.26%，3~4 级职业技术能力样本的历年平均比重为41.74%；具有中学阶段教育水平的样本中，1~2 级职业技术能力样本的历年平均比重为 60.98%，3~4 级职业技术能力样本的历年平均比重为 39.02%；具有高中及以上阶段教育水平的样本中，1~2 级职业技术能力样本的历年平均比重为 72.58%，3~4 级职业技术能力样本的历年平均比重为 27.42%。

另一方面，农村居民 1980 年前群体在小学及以下教育阶段样本中具有较高职业技术能力样本的历年平均比重小于 1980 年后群体，具有较低职业技术能力样本历年平均比重均大于 1980 年后群体；在初中和高中及以上教育阶段样本中具有较高职业技术能力样本的历年平均比重大于 1980 年后群体，具有较低职业技术能力样本历年平均比重均小于 1980 年后群体。具有小学及以下阶段教育水平的农村样本中，1980 年前群体 1～2 级职业技术能力样本的历年平均比重比 1980 年后群体高 10.8 个百分点，1980 年前群体 3～4 级职业技术能力样本的历年平均比重比 1980 年后群体低 10.8 个百分点；具有中学阶段教育水平的农村样本中，1980 年前群体 1～2 级职业技术能力样本的历年平均比重比 1980 年后群体低 11.9 个百分点，1980 年前群体 3～4 级职业技术能力样本的历年平均比重比 1980 年后群体高 11.9 个百分点；具有高中及以上阶段教育水平的农村样本中，1980 年前群体 1～2 级职业技术能力样本的历年平均比重比 1980 年后群体低 9.4 个百分点，1980 年前群体 3～4 级职业技术能力样本的历年平均比重比 1980 年后群体高 9.4 个百分点。由此可知，农村居民教育资本对其职业技术能力的影响具有显著的年龄差异，1980 年后群体教育资本水平与职业技术能力的负向关系强于 1980 年前群体。

4.2.5 民族差异视角下教育资本与职业技术能力关系

不同民族群体由于其民族属性特征不同及经历差异化的经济、文化成长环境，使其产生教育资本水平差异，教育资本水平的民族差异是否会影响职业技术能力和影响程度有多大是研究教育资本与职业技术能力关系的重要的内容维度之一，因此本书将 CGSS 农村居民的数据按民族特征分成汉族样本与少数民族样本，从民族差异的视角比较不同教育资本水平样本职业技术能力的差异及变化。具体如下：

从历年不同民族群体农村居民教育资本水平与职业技术能力的对应关系来看，一方面，汉族群体及少数民族群体中农村居民受教育程度越高，其具有较高等级职业技术能力样本的比重越小；受教育程度越低，其具有较高等级职业技术能力样本的比重越大。农村居民汉族群体具有小学及以下阶段教育水平的样本中，1～2 级职业技术能力样本的历年平均比重为58.33%，3～4 级职业技术能力样本的历年平均比重为 41.67%；具有中学

阶段教育水平的样本中，1～2 级职业技术能力样本的历年平均比重为
65.31%，3～4 级职业技术能力样本的历年平均比重为 34.69%；具有高中
及以上阶段教育水平的样本中，1～2 级职业技术能力样本的历年平均比重
为 77.98%，3～4 级职业技术能力样本的历年平均比重为 22.02%，农村居
民少数民族群体具有小学及以下阶段教育水平的样本中，1～2 级职业技术
能力样本的历年平均比重为 59.46%，3～4 级职业技术能力样本的历年平
均比重为 40.54%；具有中学阶段教育水平的样本中，1～2 级职业技术能
力样本的历年平均比重为 62.5%，3～4 级职业技术能力样本的历年平均比
重为 37.5%；具有高中及以上阶段教育水平的样本中，1～2 级职业技术能
力样本的历年平均比重为 82.35%，3～4 级职业技术能力样本的历年平均
比重为 17.65%。

另一方面，农村居民少数民族群体在小学及以下和高中及以上教育阶段
样本中具有较高职业技术能力样本的历年平均比重均小于汉族群体，具有较
低职业技术能力样本的历年平均比重均大于汉族群体，在初中教育阶段样本
中具有较高职业技术能力样本的历年平均比重大于汉族群体，具有较低职业
技术能力样本的历年平均比重小于汉族群体，具有小学及以下阶段教育水平
的农村样本中，少数民族群体 1～2 级职业技术能力样本的历年平均比重比汉
族群体高 1.13 个百分点，少数民族群体 3～4 级职业技术能力样本的历年平
均比重比汉族群体低 1.13 个百分点；具有中学阶段教育水平的农村样本中，
少数民族群体 1～2 级职业技术能力样本的历年平均比重比汉族群体低 2.81
个百分点，少数民族群体 3～4 级职业技术能力样本的历年平均比重比汉族群
体高 2.81 个百分点；具有高中及以上阶段教育水平的农村样本中，少数民族
群体 1～2 级职业技术能力样本的历年平均比重比汉族群体高 4.38 个百分点，
少数民族群体 3～4 级职业技术能力样本的历年平均比重比汉族群体低 4.38
个百分点。由此可知，农村居民教育资本对其职业技术能力的影响具有显著
的民族差异，少数民族教育资本水平与职业技术能力的负向关系强于汉族群
体（见表 4.10）。

表4.9 年龄差异视角下教育资本与职业技术能力

（%）

教育阶段	职业技术能力等级	1980年后						1980年前					
		2008年	2010年	2011年	2012年	2013年	2015年	2008年	2010年	2011年	2012年	2013年	2015年
小学及以下	1	78.85	72.00	65.00	48.33	55.17	44.07	67.37	52.08	56.25	55.99	58.93	54.85
	2	5.77	6.00	0.00	5.00	5.17	3.39	4.19	3.65	2.60	4.65	3.06	3.41
	3	9.62	20.00	20.00	40.00	32.76	38.98	25.15	38.54	38.02	34.23	33.93	37.09
	4	5.77	2.00	15.00	6.67	6.90	13.56	3.29	5.73	3.13	5.13	4.08	4.66
初中	1	71.63	52.97	60.14	56.54	58.39	63.73	56.56	45.83	44.89	48.26	50.64	52.65
	2	9.22	9.59	3.50	11.15	6.71	9.15	11.66	6.31	7.74	7.99	7.32	8.33
	3	13.48	30.59	30.77	21.92	29.53	22.54	24.49	38.03	37.77	31.77	33.92	30.68
	4	5.67	6.85	5.59	10.38	5.37	4.58	7.29	9.83	9.60	11.98	8.12	8.33
高中及以上	1	70.48	58.75	60.16	53.75	59.83	62.06	40.00	46.75	48.51	44.74	43.17	44.84
	2	15.24	20.63	17.89	20.52	18.54	19.96	29.03	16.88	9.70	22.70	22.13	27.74
	3	6.67	14.38	17.07	15.96	15.73	13.16	23.87	26.84	25.37	21.38	22.95	17.42
	4	7.62	6.25	4.88	9.77	5.90	4.82	7.10	9.52	16.42	11.18	11.75	10.00

数据来源：根据历年 CGSS 数据整理。

表4.10 民族差异视角下教育资本与职业技术能力

(%)

教育阶段	职业技术能力等级	汉族						少数民族					
		2008年	2010年	2011年	2012年	2013年	2015年	2008年	2010年	2011年	2012年	2013年	2015年
小学及以下	1	68.48	55.73	57.43	56.29	58.92	54.30	71.43	44.00	50.00	44.68	53.66	56.76
	2	4.55	4.17	2.48	4.51	3.42	4.03	3.57	2.00	0.00	6.38	2.44	2.70
	3	23.64	34.90	36.14	33.73	33.01	35.48	19.64	48.00	40.00	44.68	41.46	37.84
	4	3.33	5.21	3.96	5.46	4.65	6.18	5.36	6.00	10.00	4.26	2.44	2.70
初中	1	60.50	49.08	50.00	51.72	54.38	56.81	65.22	30.77	22.22	37.25	39.51	52.08
	2	10.96	7.09	6.36	9.43	7.11	8.51	10.87	9.62	11.11	1.96	7.41	10.42
	3	21.00	35.60	35.75	27.90	31.52	27.75	23.91	40.38	33.33	41.18	43.21	29.17
	4	7.53	8.23	7.89	10.96	6.99	6.94	0.00	19.23	33.33	19.61	9.88	8.33
高中及以上	1	60.50	49.08	50.00	51.72	54.38	56.81	50.00	47.37	40.00	46.81	52.50	55.88
	2	10.96	7.09	6.36	9.43	7.11	8.51	25.00	26.32	40.00	25.53	20.00	26.47
	3	21.00	35.60	35.75	27.90	31.52	27.75	6.25	21.05	10.00	21.28	12.50	11.76
	4	7.53	8.23	7.89	10.96	6.99	6.94	18.75	5.26	10.00	6.38	15.00	5.88

数据来源：根据历年CGSS数据整理。

4.3　教育资本与农村居民职业能力提升的实证研究

4.3.1　模型与方法

本书根据样本数据特征进行回归模拟，建立广义线性模型实证研究教育对职业能力的影响。模型设定如下：

$$\mathrm{LN}(\mathrm{VA}_i) = \alpha_0 + \alpha_1 \mathrm{EDU}_i + \sum_k a_{k+1} \mathrm{M}_{ki} + \varepsilon_i \tag{4.1}$$

方程（4.1）是农村居民教育资本影响职业能力的方程。VA_i 为第 i 个农村居民的职业能力水平；EDU_i 为第 i 个农村居民的教育资本水平；M_i 为第 i 个农村居民的性别、年龄、地区、民族等特征变量；α_j（$j = 0, 1, k+1, \cdots$）分别为各变量对应的系数，ε_i 为方程的随机扰动项。

4.3.2　数据来源与变量说明

（1）数据来源及描述性统计。

本书的数据来源于全国综合社会调查（CGSS2015）[①] 数据库。CGSS2015 样本总量为 10968 个，以调查对象户籍性质是否为农村户口为标准将该样本划分为农村样本和城市样本，其中 6 931 个农村样本为本研究的实际研究样本。经过变量调整和缺失值的处理后，最终研究职业选择能力对农村居民收入影响的有效样本量为 3588 个，研究职业技术能力对农村居民收入影响的有效样本量为 1991 个，从研究教育资本对职业选择能力影响的有效样本来看，男性样本占 42.53%，女性样本占 57.47%；1980 年后样本占 29.04%，1980 年前样本占 70.96%；汉族样本占 89.97%，少数民族样本占 10.03%；东部地区样本占 28.4%，中部地区样本占 40.22%，西部地区样本占 31.38%；受教育水平为文盲的样本占 11.79%，受教育水平为小学的样本占 28.37%，受

---

① CGSS 数据由中国人民大学"中国调查与数据中心"（NSRC）负责收集，详细数据来源参考该中心官方网站：http://www.chinagss.org/。

教育水平为初中的样本占 35.09%，受教育水平为高中或技校的样本占 14.44%，受教育水平为大专及以上的样本占 10.31%。从研究教育资本对职业技术能力影响的有效样本来看，男性样本占 56.25%，女性样本占 43.75%；1980 年后样本占 40.18%，1980 年前样本占 59.82%；汉族样本占 93.92%，少数民族样本占 6.08%；东部地区样本占 20.89%，中部地区样本占 31.89%，西部地区样本占 48.22%；受教育水平为文盲的样本占 3.87%，教育水平为小学的样本占 16.88%，受教育水平为初中的样本占 40.78%，受教育水平为高中或技校的样本占 22.2%；受教育水平为大专及以上的样本占 16.27%（见表 4.11）。

表 4.11　　　　　　　　　　　　　　样本情况

样本特征	教育资本与职业选择能力			教育资本与职业技术能力		
	类别	样本量（个）	占比（%）	类别	样本量（个）	占比（%）
性别	男	1 526	45.53	男	1 120	56.25
	女	2 062	57.47	女	871	43.75
年龄	1980 年前	2 546	70.96	1980 年前	1 191	59.82
	1980 年后	1 042	29.04	1980 年后	800	40.18
民族	汉族	3 228	89.97	汉族	1 870	93.92
	少数民族	360	10.03	少数民族	121	6.08
地区	东部地区	1 019	28.40	东部地区	416	20.89
	中部地区	1 443	40.22	中部地区	615	30.89
	西部地区	1 126	31.38	西部地区	960	48.22
教育资本水平	文盲	423	11.79	文盲	77	3.87
	小学	1 018	28.37	小学	336	16.88
	初中	1 259	35.09	初中	812	40.78
	高中或技校	518	14.44	高中或技校	442	22.20
	大专及以上	370	10.31	大专及以上	324	16.27

数据来源：根据历年 CGSS 数据整理。

（2）变量选择与测量。

在教育资本影响职业能力的方程中，被解释变量为职业选择能力或职业技术能力，使用"目前工作状况"及"工作单位性质"两个指标综合来衡量样本的职业选择能力，为从多方面分析教育资本对职业选择能力的影响，将采用 3 种职业能力分级的方式，第一种是将具有"从未工作过""目前无工作，且只务过农""务农，且未从事过非农工作""务农，且有过非农工作""无工作，且曾经有过非农工作""从事非农工作，且在私营或民营企业""从事非农工作，且在事业或集体、国有企业、外资企业、港澳台企业"特征样本的职业选择能力依次定义为 1~7 级，级数越高职业选择能力越强；第二种是将具有"从未工作过""目前无工作，且只务过农""务农，且未从事过非农工作""务农，且有过非农工作""无工作，且曾经有过非农工作"特征样本的职业能力定义为较弱级，将具有"从事非农工作，且在私营或民营企业""从事非农工作，且在事业或集体、国有企业、外资企业、港澳台企业"特征样本的职业选择能力定义为较强级；第三种是只讨论非农就业情况，分析非农就业领域教育资本对职业选择能力的影响，将具有"从事非农工作，且在私营或民营企业"特征样本的职业选择能力定义为较低级，将具有"从事非农工作，且在事业或集体、国有企业、外资企业、港澳台企业"特征样本的职业选择能力定义为较高级。使用"自主决定工作的程度"指标衡量职业技术能力，为多层次分析农村居民教育资本对职业技术能力的影响，对样本的职业技术能力采用两种分级方法：一种是将"只受别人管理，不管理别人"样本的职业技术能力定义为 1 级，"既不管理别人，又不受别人管理"样本的职业技术能力定义为 2 级，"既管理别人，又受别人管理"样本的职业技术能力定义为 3 级，"只管理别人，不受别人管理"样本的职业技术能力定义为 4 级，级数越高，样本职业技术能力越强；另一种是将"只受别人管理，不管理别人"样本及"既不管理别人，又不受别人管理"样本的职业技术能力定义为较弱，将"既管理别人，又受别人管理"样本及"只管理别人，不受别人管理"样本的职业技术能力定义为较强（见表 4.12）。

表 4.12　　　　　　　　　　　　　　主要变量测量

变量名称	变量说明
教育资本	第一种:使用实际受教育年限反映农村居民的教育资本情况(EDU)
	第二种:使用实际受教育阶段反映农村居民的教育资本情况(EDU_i),分别使用四分虚拟变量表示,一是"受教育水平是否为小学(EDU_1)",二是"受教育水平是否为初中(EDU_2)",三是"受教育水平是否为高中或技校(EDU_3)",四是"受教育水平是否为大专及以上(EDU_4)",$EDU_1 = 0$、$EDU_2 = 0$、$EDU_3 = 0$ 且 $EDU_4 = 0$ 表示受教育水平为文盲;$EDU_1 = 1$、$EDU_2 = 0$、$EDU_3 = 0$ 且 $EDU_4 = 0$ 表示受教育水平为小学;$EDU_1 = 0$、$EDU_2 = 1$、$EDU_3 = 0$ 且 $EDU_4 = 0$ 表示受教育水平为初中;$EDU_1 = 0$、$EDU_2 = 0$、$EDU_3 = 1$ 且 $EDU_4 = 0$ 表示受教育水平为高中或技校;$EDU_1 = 0$、$EDU_2 = 0$、$EDU_3 = 0$ 且 $EDU_4 = 1$ 表示受教育水平为大专及以上
自主决定工作程度	第一种:反映农村居民的职业技术能力(VA1 - 1):只受别人管理,不管理别人 = 1,既不管理别人,又不受别人管理 = 2,既管理别人,又受别人管理 = 3,只管理别人,不受别人管理 = 4
	第二种:反映农村居民的职业技术能力,使用虚拟变量"职业技术能力是否较强"(VA1 - 2)衡量。VA1 - 2 = 0 表示职业技术能力较弱;VA1 - 2 = 1 表示职业技术能力较弱
工作状态及性质	第一种分类方式:反映农村居民在非农与农业领域间以及非农范围内部的职业选择能力(VA2 - 1)。VA2 - 1 = 1,2,…,7
	第二种分类方式:反映农村居民在非农与农业领域间的职业选择能力。使用虚拟变量"职业选择能力是否为较强级(VA2 - 2)"衡量,VA2 - 2 = 0 表示职业选择能力较弱,VA2 - 2 = 1 表示职业选择能力较强
	第三种分类方式:反映农村居民在非农领域内的职业选择能力。使用虚拟变量"职业选择能力是否为较高级(VA2 - 3)"衡量,VA2 - 3 = 0 表示职业选择能力较低,VA2 - 2 = 1 表示职业选择能力较强
性别	反映农村居民的性别特征(SEX):SEX = 1 表示男性,SEX = 0 表示女性
年龄	反映农村居民的年龄特征(AGE):AGE = 1 表示 1980 年后,AGE = 0 表示 1980 年前

续表

变量名称	变量说明
民族	反映农村居民的民族特征(ETH):ETH = 1 表示汉族,ETH = 0 表示少数民族
地区	反映农村居民的地域特征,使用虚拟变量"是否是中部地区(DIS1)"和"是否是东部地区(DIS2)"衡量,DIS1 = 0 且 DIS2 = 0,表示西部地区,DIS1 = 1 且 DIS2 = 0,表示中部地区,DIS1 = 0 且 DIS2 = 1,表示东部地区

数据来源:根据历年 CGSS 数据整理。

4.3.3 实证结果与分析

为实证研究教育资本对农村居民职业能力的影响,本书在建立多种回归模型进行模拟回归后,选择 Logit 回归模型及 GLM 回归模型。在分别分析教育资本对职业选择能力及技术能力的影响时,为体现影响的群体差异性,构建了代表各群体特征的交叉效应模型。具体结果如下:

(1)教育资本与职业选择能力。

从农村居民在非农与农业领域间以及非农范围内部教育资本对职业选择能力的影响来看(见表4.13):一是从表4.13中有序 Logit 回归模型(1)和模型(2)的回归结果来看,以教育年限及教育阶段衡量的教育资本对职业选择能力的影响系数均显著为正,表明教育资本对职业选择能力具有显著的正向影响。Edu 的影响系数为0.11表明受教育年数增加1年会使职业选择能力提升的概率增加0.11个百分点,受教育水平越高对职业选择能力提升的正向影响越大;Edu1、Edu2、Edu3 和 Edu4 的影响系数分别为0.56、1.06、1.6和2.45,表明相对于未受教育样本而言,小学、初中、高中及大学以上受教育水平样本的职业选择能力提高的概率分别高出0.56个、1.06个、1.6个和2.45个百分点,受教育层次越高对职业选择能力提升的正向影响越大。二是从表4.13中有序 Logit 回归模型(3)、模型(4-1)、模型(4-2)、模型(4-3)及模型(4-4)的回归结果来看,不同水平及层次的教育资本对农村居民职业选择能力的正向影响具有较大的群体性差异。有序 Logit 回归模型(3)中教育水平变量 Edu 与地区变量 DIS1 和 DIS2 的交叉项系数显著,且分别为 0.03 和 0.11，但与其他群体特征变量的交叉项系数均不显著，表明教育水平对农村居民职业选择能力的正向影响具有地区群体差异性，地区间经济发展水平差距越大，教育水平对农村居民职业选择能力影响的差异性就越大，但教育水平对农村居民职业选择能力的影响不具有显著的性别、年龄及民族的差异性。有序 Logit 回归模型（4-1）中教育层次变量 Edu1 与各群体特征变量的交叉项系数均不显著，表明小学阶段教育层次对农村居民职业选择能力的正向影响不具有显著的地区、性别、年龄及民族的差异性。有序 Logit 回归模型（4-2）中教育层次变量 Edu2 与年龄变量 AGE 的交叉项系数显著，且为 0.58，但与其他群体特征变量的交叉项系数均不显著，表明中学阶段教育层次对农村居民职业选择能力的正向影响具有年龄群体差异性，1980 年后群体农村居民中学阶段教育层次对职业选择能力的正向影响大于 1980 年前群体，但中学阶段教育层次对农村居民职业选择能力的影响不具有显著的性别、地区及民族的差异性。有序 Logit 回归模型（4-3）中高中教育层次变量 Edu3 与地区变量 DIS2 及性别变量 SEX 的交叉项系数显著，但与其他群体特征变量的交叉项系数均不显著，表明高中阶段教育层次对农村居民职业选择能力的正向影响具有部分地区群体差异性及性别差异性，高中教育层次变量 Edu3 与地区变量 DIS2 的交叉项系数为 0.49，表明高中阶段教育层次对东部地区农村居民职业选择能力的正向影响显著大于西部地区，高中教育层次变量 Edu3 与性别变量 SEX 的交叉项系数为 0.57，表明高中阶段教育层次对农村男性居民职业选择能力的正向影响显著大于女性，但高中阶段教育层次对农村居民职业选择能力的影响不具有显著的年龄及民族的差异性。有序 Logit 回归模型（4-4）中大学及以上教育层次变量 Edu4 与年龄变量 AGE 及民族变量 ETH 的交叉项系数显著，但与其他群体特征变量的交叉项系数均不显著，表明大学及以上阶段教育层次对农村居民职业选择能力的正向影响具有性别及民族群体差异性，大学及以上层次变量 Edu4 与年龄变量 AGE 的交叉项系数为 -2.05，表明大学及以上阶段教育层次对 1980 年前农村居民职业选择能力的正向影响显著大于 1980 年后群体，大学及以上教育层次变量 Edu4 与民族变量 ETH 的交叉项系数为 -0.5，表明大学及以上阶段教育层次对农村少数民族居民职业选择能力的正向影响显著大于汉族，但大学及以上阶段教育层次对农村居民职业选择能力的影响不具有显著的性别及地区的差异性。

表4.13　教育资本对职业选择能力的综合影响

变量		系数						
		有序Logit回归模型(1)	有序Logit回归模型(2)	有序Logit回归模型(3)	有序Logit回归模型(4-1)	有序Logit回归模型(4-2)	有序Logit回归模型(4-3)	有序Logit回归模型(4-4)
解释变量	Edu	0.11***	—	0.06***	—	—	—	—
	Edu1	—	0.56***	—	0.57***	0.590***	0.56***	0.54***
	Edu2	—	1.06***	—	1.07***	0.830***	1.07***	1.01***
	Edu3	—	1.60***	—	1.62***	1.750***	0.08**	1.54***
	Edu4	—	2.45***	—	2.46***	2.670***	2.48***	4.18***
控制变量	AGE	0.45***	0.30***	0.47*	0.28***	0.012	0.31***	0.48***
	DIS1	-0.15**	-0.13*	-0.33**	-0.14	-0.200***	-0.16**	-0.11
	DIS2	1.14***	1.07***	0.09	1.09***	1.050***	1.01***	1.02***
	ETH	0.20**	0.18*	0.06	0.19	0.180	0.13	0.20*
	SEX	0.38***	0.37**	0.32**	0.36***	0.350***	0.36***	0.40***

续表

变量		有序 Logit 回归模型 (1)	有序 Logit 回归模型 (2)	有序 Logit 回归模型 (3)	有序 Logit 回归模型 (4-1)	有序 Logit 回归模型 (4-2)	有序 Logit 回归模型 (4-3)	有序 Logit 回归模型 (4-4)
					系数			
	AGE * Edu	—	—	-0.003	—	—	—	—
	DIS1 * Edu	—	—	0.030*	—	—	—	—
	DIS2 * Edu	—	—	0.110***	—	—	—	—
	SEX * Edu	—	—	0.007	—	—	—	—
	ETH * Edu	—	—	0.020	—	—	—	—
交叉变量	AGE * (Edu1/Edu2/Edu3/Edu4)	—	—	—	0.130	0.580***	-0.060	-2.05***
	DIS1 * (Edu1/Edu2/Edu3/Edu4)	—	—	—	0.030	0.190	0.290	-0.26
	DIS2 * (Edu1/Edu2/Edu3/Edu4)	—	—	—	-0.098	0.090	0.490**	0.55
	SEX * (Edu1/Edu2/Edu3/Edu4)	—	—	—	-0.033	-0.004	0.570*	-0.28
	ETH * (Edu1/Edu2/Edu3/Edu4)	—	—	—	0.026	0.070	0.050	-0.50**
方程拟合 度统计量	AIC	3.42	3.4	3.42	3.41	3.4	3.4	3.39
	LR statistic	893	979	939	979	995	988	1 046

数据来源：以上数据根据计量结果整理而得，其中：***、**、*分别表示在1%、5%、10%的显著水平上通过检验。有序 Logit 回归模型 (4-1)、模型 (4-2)、模型 (4-3)、模型 (4-4) 分别表示各控制变量与变量 Edu1、Edu2、Edu3、Edu4 的交叉效应模型。

从农村居民在非农与农业领域间教育资本对职业选择能力的影响来看（见表 4.14）：一是从表 4.14 中 Logit 回归模型（1）和模型（2）的回归结果来看，以教育年限及教育阶段衡量的教育资本对职业选择能力的影响系数均显著为正，表明教育资本对职业选择能力具有显著的正向影响。Edu 的影响系数为 0.17 表明受教育年数增加 1 年会使职业选择能力提升的概率增加 0.17 个百分点，受教育水平越高对职业选择能力提升的正向影响越大；Edu1、Edu2、Edu3 和 Edu4 的影响系数分别为 1.02、1.68、2.39 和 3.08，表明相对于未受教育样本而言，小学、初中、高中及大学以上受教育水平样本的职业选择能力提高的概率分别高出 1.02 个、1.68 个、2.39 个和 3.08 个百分点，受教育层次越高对职业选择能力提升的正向影响越大。二是，从表 4.14 中 Logit 回归模型（3）、模型（4 – 1）、模型（4 – 2）、模型（4 – 3）及模型（4 – 4）的回归结果来看，不同水平及层次的教育资本对农村居民职业选择能力的正向影响具有较大的群体性差异。Logit 回归模型（3）中教育水平变量 Edu 与各群体特征变量的交叉项系数均不显著，表明教育水平对农村居民职业选择能力的影响不具有显著的性别、地区、年龄及民族的差异性。Logit 回归模型（4 – 1）中教育层次变量 Edu1 与地区变量 DIS1 和 DIS2 的交叉项系数显著，且分别为 0.58 和 0.52，但与其他群体特征变量的交叉项系数均不显著，表明小学阶段教育层次对农村居民职业选择能力的正向影响具有地区群体差异性，小学阶段教育层次对东部及中部地区农村居民职业选择能力影响显著大于西部地区，但小学阶段教育层次对农村居民职业选择能力的影响不具有显著的性别、年龄及民族的差异性。Logit 回归模型（4 – 2）中教育层次变量 Edu2 与年龄变量 AGE 的交叉项系数显著，且为 0.37，但与其他群体特征变量的交叉项系数均不显著，表明中学阶段教育层次对农村居民职业选择能力的正向影响具有年龄群体差异性，中学阶段教育层次对 1980 年后群体农村居民职业选择能力的正向影响大于 1980 年前群体，但中学阶段教育层次对农村居民职业选择能力的影响不具有显著的性别、地区及民族的差异性。有序 Logit 回归模型（4 – 3）中高中教育层次变量 Edu3 与各群体特征变量的交叉项系数均不显著，表明高中阶段教育层次对农村居民职业选择能力的正向影响不具有显著的性别、年龄、地区及民族的差异性。Logit 回归模型（4 – 4）中大学及以上教育层次变量 Edu4 与年龄变量 AGE 及民族变量 ETH 的交叉项系数显著，

表 4.14 教育资本对职业选择能力的影响（非农与农业领域间选择）

变量		系数						
		Logit回归模型(1)	Logit回归模型(2)	Logit回归模型(3)	Logit回归模型(4-1)	Logit回归模型(4-2)	Logit回归模型(4-3)	Logit回归模型(4-4)
解释变量	C	-4.20***	-4.20***	-5***	-4.10***	-4.10***	-4.10***	-4.40***
	Edu	0.17***	—	0.24***	—	—	—	—
	Edu1	—	1.02***	—	0.70	1.05***	1.04***	0.99***
	Edu2	—	1.68***	—	1.67***	1.37***	1.72***	1.61***
	Edu3	—	2.39***	—	2.37***	2.48***	1.82***	2.30***
	Edu4	—	3.08***	—	3.06***	3.21***	3.16***	5.22***
控制变量	AGE	0.55***	0.39***	0.54	0.41***	0.22	0.30***	0.56***
	DIS1	-0.10	-0.08	0.02	-0.20	-0.03	-0.11	-0.03
	DIS2	1.49***	1.47***	1.28***	1.37***	1.58***	1.43***	1.47***
	ETH	0.56**	0.55*	1.43**	0.55***	0.42*	0.53**	0.73***
	SEX	0.57***	0.55***	0.46	0.61***	0.52***	0.49***	0.58***

续表

变量		系数						
		Logit回归模型(1)	Logit回归模型(2)	Logit回归模型(3)	Logit回归模型(4-1)	Logit回归模型(4-2)	Logit回归模型(4-3)	Logit回归模型(4-4)
	AGE * Edu	—	—	0.001	—	—	—	—
	DIS1 * Edu	—	—	-0.010	—	—	—	—
	DIS2 * Edu	—	—	0.020	—	—	—	—
	ETH * Edu	—	—	-0.080	—	—	—	—
	SEX * Edu	—	—	0.010	—	—	—	—
交叉变量	AGE * (Edu1/Edu2/Edu3/Edu4)	—	—	—	-0.12	0.37*	0.36	-1.50***
	DIS1 * (Edu1/Edu2/Edu3/Edu4)	—	—	—	0.58*	-0.14	0.18	-0.11
	DIS2 * (Edu1/Edu2/Edu3/Edu4)	—	—	—	0.52*	-0.29	0.27	0.15
	ETH * (Edu1/Edu2/Edu3/Edu4)	—	—	—	0.06	0.40	0.11	-1.04*
	SEX * (Edu1/Edu2/Edu3/Edu4)	—	—	—	-0.29	0.07	0.32	-0.38
方程拟合度统计量	AIC	0.9	0.89	0.92	0.89	0.89	0.89	0.89
	LR statistic	878	940	882	946	945	944	966

数据来源：以上数据根据计量结果整理而得，其中***、**、*分别表示在1%、5%、10%的显著水平上通过检验。Logit回归模型（4-1），模型（4-2），模型（4-3），模型（4-4）分别表示各控制变量与变量Edu1、Edu2、Edu3、Edu4的交叉效应模型。

但与其他群体特征变量的交叉项系数均不显著，表明大学及以上阶段教育层次对农村居民职业选择能力的正向影响具有性别及民族群体差异性，大学及以上层次变量 Edu4 与年龄变量 AGE 的交叉项系数为 -1.5，表明大学及以上阶段教育层次对农村 1980 年前居民职业选择能力的正向影响显著大于 1980 年后群体，大学及以上教育层次变量 Edu4 与民族变量 ETH 的交叉项系数为 -1.04，表明大学及以上阶段教育层次对农村少数民族居民职业选择能力的正向影响显著大于汉族，但大学及以上阶段教育层次对农村居民职业选择能力的影响不具有显著的性别及地区的差异性。

从农村居民在非农内部教育资本对职业选择能力的影响来看（见表 4.15）：一是从表 4.15 中 Logit 回归模型（1）和模型（2）的回归结果来看，以教育年限衡量的教育资本对职业选择能力的影响系数显著为正，表明教育资本对职业选择能力具有显著的正向影响，且受教育水平越高对职业选择能力提升的正向影响越大；以教育阶段衡量的教育资本对职业选择能力的影响表现为相对于文盲、小学和初中阶段教育层次对农村居民职业选择能力的影响不显著，而高中阶段和大学及以上阶段教育层次对农村居民职业选择能力的影响显著，且受教育层次越高，其影响力越大。二是从表 4.15 中 Logit 回归模型（3）、模型（4-1）、模型（4-2）、模型（4-3）及模型（4-4）的回归结果来看，不同水平及层次的教育资本对农村居民职业选择能力的正向影响具有较大的群体性差异。Logit 回归模型（3）中教育水平变量 Edu 与年龄变量 AGE 的交叉项系数显著，且为 -3.4，但与其他群体特征变量的交叉项系数均不显著，表明教育水平对农村居民职业选择能力的正向影响具有年龄群体差异性，教育水平对 1980 年前农村居民职业选择能力的正向影响大于 1980 年后群体，但教育水平对农村居民职业选择能力的影响不具有显著的性别、地区及民族的差异性。Logit 回归模型（4-1）、模型（4-2）、模型（4-3）中教育层次变量 Edu1、Edu2、Edu3 与各群体特征变量的交叉项系数均不显著，表明小学、初中及高中阶段教育层次对农村居民职业选择能力的正向影响不具有显著的性别、年龄、地区及民族的差异性。Logit 回归模型（4-4）中大学及以上教育层次变量 Edu4 与性别变量 SEX 的交叉项系数显著，且为 -0.74，但与其他群体特征变量的交叉项系数均不显著，表明大学及以上阶段教育层次对农村居民职业选择能力的正向影响具有性别群体差异性，大学及以上阶段教育层次对农村女性居民职业选择能力的正向影响显著大于男性，但对农村居民职业选择能力的影响不具有显著的年龄、民族及地区的差异性。

表 4.15　教育资本对职业选择能力的影响（非农内部选择）

变量		系数						
		Logit回归模型 (1)	Logit回归模型 (2)	Logit回归模型 (3)	Logit回归模型 (4-1)	Logit回归模型 (4-2)	Logit回归模型 (4-3)	Logit回归模型 (4-4)
	C	-2.90***	-1.40*	-2.02	-1.60**	-1.410**	-1.25*	-1.49**
解释变量	Edu	0.25***	—	0.16*	—	—	—	—
	Edu1	—	0.39	—	1.09	0.420	0.39	0.36
	Edu2	—	0.74	—	0.75	0.530	0.75	0.67
	Edu3	—	1.54***	—	1.56**	1.620**	0.61	1.45**
	Edu4	—	2.80***	—	2.82***	2.860***	2.84***	3.33***
控制变量	AGE	-0.70***	-0.90***	-3.40***	-0.90***	-1.100***	-0.98***	-0.96***
	DIS1	-0.32	-0.28	-0.87	-0.29	-0.370	-0.24	-0.24
	DIS2	-0.25	-0.31	-0.28	-0.37**	-0.290	-0.40	-0.16
	ETH	-0.11	-0.04	-0.75	0.18	-0.001	-0.21	-0.14
	SEX	-0.10	-0.07	0.96	-0.12	-0.220	-0.07	0.17

续表

变量		系数						
		Logit 回归模型 (1)	Logit 回归模型 (2)	Logit 回归模型 (3)	Logit 回归模型 (4-1)	Logit 回归模型 (4-2)	Logit 回归模型 (4-3)	Logit 回归模型 (4-4)
	AGE * Edu	—	—	0.200 ***	—	—	—	—
	DIS1 * Edu	—	—	0.040	—	—	—	—
	DIS2 * Edu	—	—	0.001	—	—	—	—
	ETH * Edu	—	—	0.050	—	—	—	—
	SEX * Edu	—	—	-0.080	—	—	—	—
交叉变量	AGE * (Edu1/Edu2/Edu3/Edu4)	—	—	—	-0.76	0.09	0.03	-0.13
	DIS1 * (Edu1/Edu2/Edu3/Edu4)	—	—	—	0.06	0.31	-0.09	-0.10
	DIS2 * (Edu1/Edu2/Edu3/Edu4)	—	—	—	0.66	-0.09	0.37	-0.50
	ETH * (Edu1/Edu2/Edu3/Edu4)	—	—	—	-1.36	-0.11	0.81	0.22
	SEX * (Edu1/Edu2/Edu3/Edu4)	—	—	—	0.71	0.55	-0.03	-0.74 **
方程拟合度统计量	AIC	1.19	1.15	1.18	1.15	1.15	1.15	1.15
	LR statistic	92	136	105	140	140	138	142

数据来源：以上数据根据计量结果整理而得，其中 ***、**、* 分别表示在 1%、5%、10% 的显著水平上通过检验。Logit 回归模型 (4-1)、模型 (4-2)、模型 (4-3)、模型 (4-4) 分别表示各控制变量与变量 Edu1、Edu2、Edu3、Edu4 的交叉效应模型。

由此可知，不管是以教育年限衡量的教育资本还是以教育阶段衡量的教育资本，均对在农业与非农间以及非农业内部的职业选择能力具有显著的正向影响。但教育资本对农村居民职业选择能力影响的群体性差异在农业与非农业间以及非农业内部表现各异，以受教育年限衡量的教育资本对农业与非农业间的职业选择能力的影响不具有年龄、性别、地区及民族的差异性，而对非农业内部职业选择的影响仅具有年龄群体差异性。以受教育层次衡量的教育资本对农业与非农业间的职业选择能力影响的群体性差异性具有教育阶段异质性，小学教育的影响具有地区差异性，初中教育的影响具有年龄差异性，高中教育的影响不具有年龄、性别、地区及民族的差异性，大学及以上教育的影响具有年龄和民族差异性。以受教育层次衡量的教育资本对非农业内部的职业选择能力影响的群体性差异性不明显，除大学及以上阶段教育的影响具有性别差异性外，其他阶段均不具有年龄、地区、民族、性别的差异性。

（2）教育资本与职业技术能力。

从第一种职业技术能力定级方式实证研究教育资本对职业技术能力的影响结果来看（见表 4.16）：一是从表 4.16 中 GLM 回归模型（1）和模型（2）的回归结果来看，以教育年限衡量的教育资本对职业技术能力的影响系数显著为负，表明教育资本对职业技术能力具有显著的负向影响，且受教育水平越高对职业技术能力提升的负向影响越大；以教育阶段衡量的教育资本对职业技术能力的影响表现为相对于文盲、大学及以上阶段教育层次对农村居民职业技术能力的影响不显著，而小学、初中及高中阶段教育层次对农村居民职业技术能力的影响显著，且受教育层次越高，其影响力越大。二是从表 4.16 中 GLM 回归模型（3）、模型（4-1）、模型（4-2）、模型（4-3）及模型（4-4）的回归结果来看，不同水平及层次的教育资本对农村居民职业技术能力的正向影响具有不同的群体性差异。GLM 回归模型（3）中教育水平变量 Edu 与年龄特征变量 AGE 的交叉项系数显著，但与其他群体特征变量的交叉项系数均不显著，表明教育水平对农村居民职业技术能力的影响具有显著的年龄差异性，但不具有显著的性别、地区及民族差异性，教育水平对农村 1980 年前居民职业技术能力的正向影响大于 1980 年后群体。GLM 回归模型（4-1）中教育层次变量 Edu1 与年龄变量 AGE 的交叉项系数显著，且为 0.62，但与其他群体特征变量的交叉项系数均不显著，

表 4.16　教育资本对职业技术能力的影响（1）

变量		系数						
		GLM回归模型(1)	GLM回归模型(2)	GLM回归模型(3)	GLM回归模型(4-1)	GLM回归模型(4-2)	GLM回归模型(4-3)	GLM回归模型(4-4)
解释变量	C	1.88***	1.570***	1.64	1.60***	1.52***	1.590***	1.57***
	Edu	-0.01*	—	0.01	—	—	—	—
	Edu1	—	0.310**	—	0.09	0.28**	0.310**	0.31**
	Edu2	—	0.210*	—	0.23*	0.41*	0.210*	0.22*
	Edu3	—	0.270**	—	0.30**	0.21	0.170	0.29**
	Edu4	—	-0.001	—	0.04	-0.07	-0.020	-0.09
控制变量	AGE	-0.20***	-0.190**	0.27*	-0.30***	-0.12*	-0.140**	-0.20***
	DIS1	0.15	0.130**	0.35**	0.11	0.14**	0.110*	0.15***
	DIS2	0.12**	0.130**	0.11	0.10	0.11	0.140**	0.13**
	ETH	0.04	0.030	0.17	0.02	0.07	0.009	0.04
	SEX	0.08*	0.060	-0.08	0.07	0.12**	0.050	0.03

续表

变量		GLM回归模型(1)	GLM回归模型(2)	GLM回归模型(3)	GLM回归模型(4-1)	GLM回归模型(4-2)	GLM回归模型(4-3)	GLM回归模型(4-4)
					系数			
	AGE * Edu	—	—	-0.050**	—	—	—	—
	DIS1 * Edu	—	—	-0.020	—	—	—	—
	DIS2 * Edu	—	—	0.002	—	—	—	—
	ETH * Edu	—	—	-0.010	—	—	—	—
	SEX * Edu	—	—	0.020	—	—	—	—
交叉变量	AGE * (Edu1/Edu2/Edu3/Edu4)	—	—	—	0.62***	-0.15	-0.16	0.09
	DIS1 * (Edu1/Edu2/Edu3/Edu4)	—	—	—	0.15	-0.03	0.05	-0.24
	DIS2 * (Edu1/Edu2/Edu3/Edu4)	—	—	—	0.16	0.03	-0.07	-0.03
	ETH * (Edu1/Edu2/Edu3/Edu4)	—	—	—	0.07	-0.12	0.14	-0.02
	SEX * (Edu1/Edu2/Edu3/Edu4)	—	—	—	-0.07	-0.12	0.08	0.22*
方程拟合度统计量	AIC	2.86	2.85	2.86	2.85	2.86	2.86	2.86
	LR statistic	44	62	58	79	67	66	67

数据来源：以上数据根据计量结果整理而得，其中***、**、*分别表示在1%、5%、10%的显著水平上通过检验。GLM回归模型（4-1）、模型（4-2）、模型（4-3）、模型（4-4）分别表示各控制变量与变量Edu1，Edu2，Edu3，Edu4的交叉效应模型。

表明小学阶段教育对农村居民职业技术能力的正向影响具有年龄群体差异性，小学阶段教育层次对农村 1980 年后居民职业技术能力的正向影响显著大于 1980 年前群体，但小学阶段教育层次对农村居民职业技术能力的影响不具有显著的性别、地区及民族差异性。GLM 回归模型（4-2）及模型（4-3）中教育层次变量 Edu2 及 Edu3 与各群体特征变量的交叉项系数均不显著，表明中学及高中阶段教育对农村居民职业技术能力的正向影响不具有显著的年龄、性别、地区及民族的差异性。GLM 回归模型（4-4）中大学及以上教育层次变量 Edu4 与性别变量 SEX 的交叉项系数显著，且为 0.22，但与其他群体特征变量的交叉项系数均不显著，表明大学及以上阶段教育层次对农村居民职业技术能力的正向影响具有性别差异性，大学及以上阶段教育对农村男性居民职业技术能力的正向影响显著大于女性群体，但大学及以上阶段教育对农村居民职业技术能力的影响不具有显著的年龄、地区及民族差异性。

从第二种职业技术能力定级方式实证研究教育资本对职业技术能力的影响结果来看（见表 4.17）：一是从表 4.17 中 Logit 回归模型（1）和模型（2）的回归结果来看，以教育年限衡量的教育资本对职业技术能力的影响系数显著为负，表明教育资本对职业技术能力具有显著的负向影响，且受教育水平越高对职业技术能力提升的负向影响越大；以教育阶段衡量的教育资本对职业技术能力的影响表现为相对于文盲、初中及高中阶段教育层次对农村居民职业技术能力的影响不显著，而小学与大学及以上阶段教育层次对农村居民职业技术能力的影响显著，小学阶段教育的影响为正，大学及以上阶段教育的影响为负。二是从表 4.17 中 Logit 回归模型（3）、模型（4-1）、模型（4-2）、模型（4-3）及模型（4-4）的回归结果来看，不同水平及层次的教育资本对农村居民职业技术能力的正向影响具有不同的群体性差异。Logit 回归模型（3）中教育水平变量 Edu 与年龄特征变量 AGE 的交叉项系数显著，但与其他群体特征变量的交叉项系数均不显著，表明教育水平对农村居民职业技术能力的影响具有显著的年龄差异性，但不具有显著的性别、地区及民族差异性，教育水平对农村 1980 年前居民职业技术能力的正向影响大于 1980 年后群体。GLM 回归模型（4-1）中教育层次变量 Edu1 与年龄变量 AGE 的交叉项系数显著，且为 1，但与其他群体特征变量的交叉项系数均不显著，表明小学阶段教育对农村居民职业技术能力的正向影响具有年龄群体

表4.17　教育资本对职业技术能力的影响（2）

变量		Logit回归模型(1)	Logit回归模型(2)	Logit回归模型(3)	系数 Logit回归模型(4-1)	Logit回归模型(4-2)	Logit回归模型(4-3)	Logit回归模型(4-4)
解释变量	C	-0.19	-1.10***	0.42	-1.100***	-1.30***	-0.90***	-1.10***
	Edu	-0.10***	—	-0.06	—	—	—	—
	Edu1	—	0.52*	—	0.440	0.46*	0.54*	0.53*
	Edu2	—	0.24	—	0.270	0.71	0.25	0.25
	Edu3	—	0.14	—	0.190	-0.03	-0.52	0.15
	Edu4	—	-1.30***	—	-1.200***	-1.50***	-1.30***	-1.77***
	AGE	-0.30***	-0.30***	0.96***	-0.400***	-0.05	-0.27**	-0.30***
控制变量	DIS1	0.46***	0.40***	0.41	0.420***	0.51***	0.35***	0.40***
	DIS2	0.40***	0.43***	-0.03	0.420***	0.47***	0.40***	0.42***
	ETH	0.17	0.12	0.30	0.140	0.21	0.05	0.13
	SEX	0.05	-0.01	-0.03	-0.004	0.09	-0.08	-0.03

续表

变量		系数						
		Logit回归模型 (1)	Logit回归模型 (2)	Logit回归模型 (3)	Logit回归模型 (4-1)	Logit回归模型 (4-2)	Logit回归模型 (4-3)	Logit回归模型 (4-4)
	AGE * Edu	—	—	-0.100***	—	—	—	—
	DIS1 * Edu	—	—	0.004	—	—	—	—
	DIS2 * Edu	—	—	0.050	—	—	—	—
	ETH * Edu	—	—	-0.020	—	—	—	—
	SEX * Edu	—	—	0.005	—	—	—	—
交叉变量	AGE * (Edu1/Edu2/Edu3/Edu4)	—	—	—	1.000***	-0.51**	-0.13	0.58
	DIS1 * (Edu1/Edu2/Edu3/Edu4)	—	—	—	0.003	-0.20	0.19	0.01
	DIS2 * (Edu1/Edu2/Edu3/Edu4)	—	—	—	0.080	-0.10	0.11	0.17
	ETH * (Edu1/Edu2/Edu3/Edu4)	—	—	—	-0.050	-0.22	0.47	-0.19
	SEX * (Edu1/Edu2/Edu3/Edu4)	—	—	—	-0.100	-0.22	0.29	0.41
方程拟合度统计量	AIC	1.2	1.18	0.19	1.18	1.18	1.18	1.18
	LR statistic	99	145	117	155	152	148	147

数据来源：以上数据根据计量结果整理而得，其中***、**、*分别表示在1%、5%、10%的显著水平上通过检验。Logit 回归模型（4-1），模型（4-2），模型（4-3），模型（4-4）分别表示各控制变量与变量 Edu1，Edu2，Edu3，Edu4 的交叉效应模型。

差异性，小学阶段教育层次对农村 1980 年后居民职业技术能力的正向影响显著大于 1980 年前群体，但小学阶段教育层次对农村居民职业技术能力的影响不具有显著的性别、地区及民族差异性。GLM 回归模型（4－2）中中心阶段教育层次变量 Edu2 与年龄变量 AGE 的交叉项系数显著，且为－0.51，但与其他群体特征变量的交叉项系数均不显著，表明中学阶段教育对农村居民职业技术能力的正向影响具有年龄群体差异性，中学阶段教育层次对农村 1980 年前居民职业技术能力的正向影响显著大于 1980 年后群体，但中学阶段教育层次对农村居民职业技术能力的影响不具有显著的性别、地区及民族差异性。GLM 回归模型（4－3）及模型（4－4）中教育层次变量 Edu3 及 Edu4 与各群体特征变量的交叉项系数均不显著，表明高中和大学及以上阶段教育对农村居民职业技术能力的正向影响不具有显著的年龄、性别、地区及民族的差异性。

由此可知，以教育年限衡量的教育资本对农村居民职业技术能力的影响显著为负，但以教育阶段衡量的教育资本对农村居民职业技术能力的影响表现为部分阶段显著为正，部分阶段不显著的特征，表明教育资本对农村居民职业技术能力的影响具有不确定性。

4.3.4 结论与启示

在农村居民职业不断分化的过程中，农业及非农业间以及非农内部行业间的职业选择能力成为农村居民收入增长的重要因素，职业技术能力的提升是农村居民收入动态增长的核心要素，而正规和非正规教育是农村居民职业能力提升的重要途径。教育资本对农村居民职业能力到底有多大影响？如何影响？以及是否有群体差异性？本书利用 CGSS2015 年的数据，对这一系列问题进行了研究，结论具体如下：

第一，教育资本水平的提高对农村居民职业选择能力的提高具有显著的正向影响，且这种影响具有群体差异性。以受教育年限衡量的教育资本对农业与非农间的职业选择能力的影响不具有年龄、性别、地区及民族的差异性，而对非农业内部职业选择的影响仅具有年龄群体差异性，表现为对 1980 年前的正向影响大于 1980 年后群体。以受教育层次衡量的教育资本对农业与非农业间的职业选择能力影响的群体性差异性具有教育阶段异质性，小学教育的影响具有中部和东部地区偏向的地区差异性，初中教育的影响具有 1980 年后群体偏向的年龄差异性，高中教育的影响不具有年龄、性别、地区及民族的差异性，大学及以上教育的影响具有 1980 年前群体偏向的年龄差异性和少数民族偏向的民族差异性。以受教育层次衡量的教育资本对非农业内部的职业选择能力影响的群体性差异性不明显，除大学及以上阶段教育的影响具有女性偏向的性别差异性外，其他阶段均不具有年龄、地区、民族、性别的差异性。

第二，教育资本水平的提高对农村居民职业技术能力的提高并未表现显著和稳定的影响。表明农村居民具有的教育资本的生产性功能较弱。

以上结论为研究教育资本提升农村居民职业能力提供了实证方面的支持。教育资本的提升可以提高农村居民职业选择能力，进而增强农村居民进入较为优质的劳动力市场的竞争力，而且使其由被动选择转化为主动选择，提高职业选择的有效性，为其职业发展奠定基础，同时由于教育的生产性功能的作用，农村居民教育资本的提升，可以提升其职业技能，但由于农村居民接受的教育层次较低，且职业导向性较弱，专业技能性差，使教育资本对农村职业技术能力的提升作用不明显。因此，在农村居民教育资本水平较低、质量不高的背景下，应该一方面从教育资源供给和获得的两个层次上为农村居民受教育水平的提高提供保障，同时也要提高农村居民受教育的质量，提高其所受教育的职业导向性，强化农村居民教育的生产性功能。

第5章

教育、职业能力与农民增收的关系

5.1 教育、职业选择能力与农民增收

5.1.1 教育、职业选择能力与农民增收的总体关系

为详细分析农村居民教育资本、职业选择能力与农民增收之间的关系，利用 CGSS 数据中农村样本的"目前工作状况"及"工作单位性质"两个指标综合来衡量样本的职业选择能力，在衡量农村居民职业能力指标选择及职业能力判断时，认为有非农工作经验的样本比无非农工作经验的样本的职业选择能力要强，从事非农工作的样本比从事农业及无业样本的职业选择能力强。鉴于以上准则，将具有"从未工作过""目前无工作，且只务过农"或"务农，且未从事过非农工作"特征样本的职业选择能力定义为1级；将具有"务农，且有过非农工作"或"无工作，且曾经有过非农工作"特征样本的职业选择能力定义为2级；将具有"从事非农工作，且在私营或民营企业"或"从事非农工作，且在事业或集体、国有企业、外资企业、港澳台企业"特征样本的职业选择能力定义为3级，其代表的职业选择能力从小到大。利用"受教育状况"指标衡量样本的教育资本情况，将样本的受教育情况划分为3个阶段，即具有"小学及以下""初中""高中及以上"，其代表教育资本水平从低到高。利用"年收入"指标衡量样本的收入状况。

从 2008~2015 年农村居民教育资本、职业选择能力与收入的对应关系来

看，农村居民受教育程度越高，职业选择能力等级越高，其收入越高，且受教育程度越高，各职业选择能力等级间的收入绝对差距越大。具有高中及以上教育水平的农村样本中，1～3 级职业选择能力样本的历年平均收入分别为8 944 元、14 725 元和 35 664 元，比具有初中教育水平样本的平均收入分别高1 861 元、3 161 元和 8 022 元，比具有小学及以下教育水平样本的平均收入分别高 3 912 元、5 363 元和 15 206 元。具有小学及以下教育水平样本内部，职业选择能力为 3 级样本的历年平均收入比职业选择能力为 2 级样本的历年平均收入高 11 096 元，比职业选择能力为 1 级样本的历年平均收入高 15 426 元；具有初中教育水平样本内部，职业选择能力为 3 级样本的历年平均收入比职业选择能力为 2 级样本的历年平均收入高 16 078 元，比职业选择能力为 1级样本的历年平均收入高 20 558 元；具有高中及以上教育水平样本内部，职业选择能力为 3 级样本的历年平均收入比职业选择能力为 2 级样本的历年平均收入高 20 939 元，比职业选择能力为 1 级样本的历年平均收入高 26 719 元。由此可知，农村居民受教育程度，职业选择能力均对收入的变化具有重要影响（见表 5.1）。

表 5.1　　　　　　　　教育、职业选择能力与收入的总体关系　　　　　　（元）

教育阶段	职业选择能力等级	2008 年	2010 年	2011 年	2012 年	2013 年	2015 年
小学及以下	1	3 774	3 345	4 133	4 889	7 017	7 033
	2	7 171	6 222	7 100	9 368	10 242	16 066
	3	14 050	13 652	15 313	21 338	25 795	32 601
初中	1	5 464	5 723	5 534	5 683	7 132	12 966
	2	10 955	10 276	9 911	11 683	11 874	14 681
	3	15 136	20 172	20 667	24 386	30 373	55 118
高中及以上	1	7 517	6 206	4 700	6 756	16 007	12 479
	2	10 696	10 570	13 751	14 974	13 373	24 984
	3	21 540	30 257	28 013	39 939	45 119	49 115

数据来源：根据历年 CGSS 数据整理。

5.1.2 性别差异视角下教育、职业选择能力与农民增收

不同性别群体一方面由于其自然的性别属性特征不同而具有差异化的教育资本水平；另一方面，由于面临差异化的社会文化背景，也使其产生教育资本水平的差异，教育资本的性别差异是否会影响其职业选择能力，从而影响收入和影响程度有多大是研究教育资本、职业选择能力与收入关系的重要的内容维度之一，因此本书将 CGSS 农村居民的数据按性别特征分成男性与女性样本，从性别差异的视角比较不同教育资本水平、职业选择能力下收入的差异及变化。具体如下：

从历年不同性别群体农村居民教育资本水平、职业选择能力与收入的对应关系来看，一方面，男性及女性群体中农村居民受教育程度越高，职业选择能力等级越高，其收入越高，且受教育程度越高，各职业选择能力等级间的收入绝对差距越大。农村居民男性群体具有高中及以上教育水平的样本中，1～3 级职业选择能力样本的历年平均收入分别为 10 985 元、18 164 元和 41 723 元，比具有初中教育水平男性样本的平均收入分别高 579 元、3 384 元和 6 261 元，比具有小学及以下教育水平男性样本的平均收入分别高 3 586 元、7 250 元和 15 842 元。农村男性群体具有小学及以下教育水平样本内部，职业选择能力为 3 级样本的历年平均收入比职业选择能力为 2 级样本的历年平均收入高 14 967 元，比职业选择能力为 1 级样本的历年平均收入高 18 482 元；具有初中教育水平样本内部，职业选择能力为 3 级样本的历年平均收入比职业选择能力为 2 级样本的历年平均收入高 20 683 元，比职业选择能力为 1 级样本的历年平均收入高 25 057 元；具有高中及以上教育水平样本内部，职业选择能力为 3 级样本的历年平均收入比职业选择能力为 2 级样本的历年平均收入高 23 559 元，比职业选择能力为 1 级样本的历年平均收入高 30 738 元。农村居民女性群体具有高中及以上教育水平的样本中，1～3 级职业选择能力样本的历年平均收入分别为 6 784 元、8 975 元和 27 317 元，比具有初中教育水平女性样本的平均收入分别高 2 023 元、495 元和 10 483 元，比具有小学及以下教育水平女性样本的平均收入分别高 2 567 元、672 元和 12 618 元。农村女性群体具有小学及以下教育水平样本内部，职业选择能力为 3 级样本的历

年平均收入比职业选择能力为 2 级样本的历年平均收入高 6 396 元，比职业选择能力为 1 级样本的历年平均收入高 10 482 元；具有初中教育水平样本内部，职业选择能力为 3 级样本的历年平均收入比职业选择能力为 2 级样本的历年平均收入高 8 358 元，比职业选择能力为 1 级样本的历年平均收入高 12 073 元；具有高中及以上教育水平样本内部，职业选择能力为 3 级样本的历年平均收入比职业选择能力为 2 级样本的历年平均收入高 18 341 元，比职业选择能力为 1 级样本的历年平均收入高 20 533 元。

另一方面，农村居民男性群体内部受教育程度越高，职业选择能力等级越高，其收入越高的特征比女性群体显著。具有小学及以下教育水平样本内部，男性 3 级职业选择能力样本与 2 级职业选择能力样本之间的平均收入差比女性样本高 8 572 元，3 级职业选择能力样本与 1 级职业选择能力样本之间的平均收入差比女性高 8 000 元；具有初中教育水平样本内部，男性 3 级职业选择能力样本与 2 级职业选择能力样本之间的平均收入差比女性样本高 12 330 元，3 级职业选择能力样本与 1 级职业选择能力样本之间的平均收入差比女性高 12 984 元；具有高中及以上教育水平样本内部，男性 3 级职业选择能力样本与 2 级职业选择能力样本之间的平均收入差比女性样本高 5 218 元，3 级职业选择能力样本与 1 级职业选择能力样本之间的平均收入差比女性高 10 205 元。由此可知，农村居民教育资本、职业选择能力与收入的关系具有显著的性别差异，教育资本水平、职业技术能力的提高对男性收入提升的影响大于女性（见表 5.2）。

5.1.3　地区差异视角下教育、职业选择能力与农民增收

不同地区农村居民一方面由于其所拥有的自然资源条件不同而具有差异化的教育资本需求；另一方面，由于面临差异化的社会、经济、文化背景，也使其产生教育资本获得的能力差异。教育资本的地区差异是否会影响农村居民职业选择能力，从而影响收入和影响程度有多大是研究教育资本、职业选择能力与收入关系的重要的内容维度之一，因此本书将 CGSS 农村居民的数据按地区经济发展特征分成东部地区、中部地区及西部地区样本，从地区差异的视角比较不同教育资本水平、职业选择能力下收入的差异及变化。具体如下：

表 5.2　　　　性别差异视角下教育、职业选择能力与收入的关系　　　　（元）

性别	教育阶段	职业选择能力等级	2008 年	2010 年	2011 年	2012 年	2013 年	2015 年
男性	小学及以下	1	6 423	4 781	4 929	6 431	10 269	11 560
		2	7 860	7 831	9 852	12 213	12 948	14 775
		3	16 044	16 079	18 684	28 560	31 408	44 510
	初中	1	9 497	10 226	9 347	8 503	9 564	15 292
		2	10 741	11 277	14 875	15 756	17 129	18 898
		3	17 562	24 111	24 272	28 190	36 509	82 128
	高中及以上	1	10 658	12 689	5 171	8 411	13 776	15 201
		2	12 132	11 231	17 470	19 913	17 658	30 577
		3	25 225	35 651	32 298	44 793	53 783	58 587
女性	小学及以下	1	2 881	2 918	3 771	4 192	6 270	5 269
		2	6 885	4 938	5 404	7 419	8 523	16 651
		3	11 180	10 738	12 188	12 703	18 138	23 247
	初中	1	3 316	3 429	4 989	4 279	4 918	7 632
		2	10 202	8 590	6 469	8 186	7 229	10 207
		3	11 665	13 155	14 686	17 763	21 367	22 364
	高中及以上	1	4 981	2 831	3 497	3 384	16 875	9 133
		2	8 177	9 190	9 872	7 895	9 594	9 124
		3	16 025	21 687	23 126	32 395	32 865	37 802

数据来源：根据历年 CGSS 数据整理。

从历年不同地区农村居民教育资本水平、职业选择能力与收入的对应关系来看，一方面，各地区农村居民受教育程度越高，职业选择能力等级越高，其收入越高，且受教育程度越高，各职业选择能力等级间的收入绝对差距越大。农村东部地区具有高中及以上教育水平的样本中，1～3 级职业选择能力样本的历年平均收入分别为 44 383 元、17 486 元和 12 519 元，比具有初中教育水平样本的平均收入分别高 4 715 元、1 296 元和 10 442

元，比具有小学及以下教育水平样本的平均收入分别高 6 473 元、9 326 元和 17 471 元。东部地区具有小学及以下教育水平样本内部，职业选择能力为 3 级样本的历年平均收入比职业选择能力为 2 级样本的历年平均收入高 18 751 元，比职业选择能力为 1 级样本的历年平均收入高 20 866 元；具有初中教育水平样本内部，职业选择能力为 3 级样本的历年平均收入比职业选择能力为 2 级样本的历年平均收入高 17 751 元，比职业选择能力为 1 级样本的历年平均收入高 26 137 元；具有高中及以上教育水平样本内部，职业选择能力为 3 级样本的历年平均收入比职业选择能力为 2 级样本的历年平均收入高 26 896 元，比职业选择能力为 1 级样本的历年平均收入高 31 864 元。农村中部地区具有高中及以上教育水平的样本中，1~3 级职业选择能力样本的历年平均收入分别为 9 798 元、14 618 元和 24 299 元，比具有初中教育水平样本的平均收入分别高 2 665 元、3 191 元和 3 377 元，比具有小学及以下教育水平样本的平均收入分别高 4 787 元、6 021 元和 6 928 元。中部地区具有小学及以下教育水平样本内部，职业选择能力为 3 级样本的历年平均收入比职业选择能力为 2 级样本的历年平均收入高 8 775 元，比职业选择能力为 1 级样本的历年平均收入高 12 359 元；具有初中教育水平样本内部，职业选择能力为 3 级样本的历年平均收入比职业选择能力为 2 级样本的历年平均收入高 9 496 元，比职业选择能力为 1 级样本的历年平均收入高 13 790 元；具有高中及以上教育水平样本内部，职业选择能力为 3 级样本的历年平均收入比职业选择能力为 2 级样本的历年平均收入高 9 682 元，比职业选择能力为 1 级样本的历年平均收入高 14 501 元。农村西部地区具有高中及以上教育水平的样本中，1~3 级职业选择能力样本的历年平均收入分别为 6 648 元、12 794 元和 28 113 元，比具有初中教育水平样本的平均收入分别高 564 元、3 841 元和 6 613 元，比具有小学及以下教育水平样本的平均收入分别高 2 353 元、3 453 元和 11 843 元。西部地区具有小学及以下教育水平样本内部，职业选择能力为 3 级样本的历年平均收入比职业选择能力为 2 级样本的历年平均收入高 6 929 元，比职业选择能力为 1 级样本的历年平均收入高 11 975 元；具有初中教育水平样本内部，职业选择能力为 3 级样本的历年平均收入比职业选择能力为 2 级样本的历年平均收入高 12 547 元，比职业选择能力为 1 级样本的历年平均收入高 15 416 元；具有高中及以上教育水平样本内部，职业选择能力为 3 级样本的历年平均收入比职业选择能力为 2 级样本的历年平均收入高 15 319 元，比职业选择能力为 1 级样本的历年平均收入高 21 464 元。

另一方面，农村东部地区居民内部受教育程度越高，职业选择能力等级越高，其收入越高的特征显著于中部及西部地区居民。具有小学及以下教育水平样本内部，东部地区 3 级职业选择能力样本与 2 级职业选择能力样本之间的平均收入差比中部和西部地区样本分别高 9 976 元和 11 822 元，3 级职业选择能力样本与 1 级职业选择能力样本之间的平均收入差比中部和西部地区样本分别高 8 506 元和 8 891 元；具有初中教育水平样本内部，东部地区 3 级职业选择能力样本与 2 级职业选择能力样本之间的平均收入差比中部和西部地区样本分别高 8 255 元和 5 204 元，3 级职业选择能力样本与 1 级职业选择能力样本之间的平均收入差比中部和西部地区样本分别高12 348 元和 10 721 元；具有高中及以上教育水平样本内部，东部地区 3 级职业选择能力样本与 2 级职业选择能力样本之间的平均收入差比中部和西部地区样本分别高 17 215 元和 11 577 元，3 级职业选择能力样本与 1 级职业选择能力样本之间的平均收入差比中部和西部地区样本分别高 17 363 元和 10 400元。由此可知，农村居民教育资本、职业选择能力与收入的关系具有显著的地区差异，教育资本水平、职业技术能力的提高对东部地区收入提升的影响大于中部及西部地区（见表5.3）。

5.1.4　年龄差异视角下教育、职业选择能力与农民增收

不同年龄群体一方面由于其年龄属性特征不同而具有差异化的教育资本水平；另一方面，由于其经历差异化的社会文化成长环境，也使其产生教育资本水平差异。教育资本水平的年龄差异是否会影响农村居民职业选择能力，从而影响收入和影响程度有多大是研究教育资本、职业选择能力与收入关系的重要的内容维度之一，因此本书将 CGSS 农村居民的数据按年龄特征分成1980 年后样本与 1980 年前样本，从年龄差异的视角比较不同教育资本水平、职业选择能力下收入的差异及变化。具体如下：

表 5.3　　　　　　　地区差异视角下教育、职业选择能力与收入的关系　　　　（元）

地区	教育阶段	职业选择能力等级	2008 年	2010 年	2011 年	2012 年	2013 年	2015 年
东部	小学及以下	1	6 473	3 255	2 294	7 924	9 198	7 133
		2	11 847	5 670	6 843	8 481	8 496	7 628
		3	18 881	14 928	26 036	29 235	33 709	38 681
	初中	1	12 001	4 862	5 408	4 911	5 762	13 881
		2	32 862	11 122	11 061	14 851	14 317	12 928
		3	16 545	23 908	24 649	27 910	34 293	76 342
	高中及以上	1	9 178	6 186	4 376	7 418	26 953	21 002
		2	10 417	14 394	19 756	23 943	16 753	19 656
		3	26 650	38 460	38 535	50 175	55 761	56 715
中部	小学及以下	1	3 374	3 587	4 723	4 842	5 389	8 153
		2	4 967	6 344	7 568	9 149	9 708	13 842
		3	11 874	11 915	11 979	15 949	21 826	30 682
	初中	1	3 670	6 248	4 899	6 667	7 956	13 360
		2	6 719	11 455	10 241	11 763	11 372	17 009
		3	12 677	15 114	20 447	22 930	21 866	32 503
	高中及以上	1	16 299	5 053	3 974	7 722	14 116	11 624
		2	10 348	9 136	10 190	11 340	12 799	33 892
		3	11 908	17 393	20 846	29 425	30 496	35 728
西部	小学及以下	1	1 372	2 966	4 177	3 685	7 529	6 043
		2	7 916	6 079	7 920	9 270	12 481	12 379
		3	10 965	12 747	9 033	17 207	22 247	25 420
	初中	1	3 257	4 929	7 082	4 982	6 780	9 474
		2	5 370	7 676	6 458	9 947	12 729	11 539
		3	15 441	18 971	14 716	20 192	31 685	27 995
	高中及以上	1	3 579	5 712	6 632	5 190	9 399	9 378
		2	17 483	9 805	12 538	10 874	9 935	16 128
		3	13 300	27 911	30 372	28 625	31 710	36 758

数据来源：根据历年 CGSS 数据整理。

从历年不同年龄群体农村居民教育资本水平、职业选择能力与收入的对应关系来看，一方面，1980 年后及 1980 年前群体中农村居民受教育程度越高，职业选择能力等级越高，其收入越高，且受教育程度越高，各职业选择能力等级间的收入绝对差距越大。农村1980年后群体具有高中及以上教育水平的样本中，1～3级职业选择能力样本的历年平均收入分别为7 677元、14 102元和32 695元，比具有初中教育水平1980年后样本的平均收入分别高68元、2 393元和10 372元，比具有小学及以下教育水平1980年后样本的平均收入分别高2 921元、4 100元和12 596元。农村1980年后群体具有小学及以下教育水平样本内部，职业选择能力为3级样本的历年平均收入比职业选择能力为2级样本的历年平均收入高10 097元，比职业选择能力为1级样本的历年平均收入高15 343元；具有初中教育水平样本内部，职业选择能力为3级样本的历年平均收入比职业选择能力为2级样本的历年平均收入高10 614元，比职业选择能力为1级样本的历年平均收入高14 714元；具有高中及以上教育水平样本内部，职业选择能力为3级样本的历年平均收入比职业选择能力为2级样本的历年平均收入高18 593元，比职业选择能力为1级样本的历年平均收入高25 018元。农村1980年前群体具有高中及以上教育水平的样本中，1～3级职业选择能力样本的历年平均收入分别为10 861元、18 200元和35 058元，比具有初中教育水平1980年前样本的平均收入分别高3 361元、5 758元和11 871元，比具有小学及以下教育水平1980年前样本的平均收入分别高5 436元、8 756元和15 613元。农村1980年前群体具有小学及以下教育水平样本内部，职业选择能力为3级样本的历年平均收入比职业选择能力为2级样本的历年平均收入高10 001元，比职业选择能力为1级样本的历年平均收入高14 020元；具有初中教育水平样本内部，职业选择能力为3级样本的历年平均收入比职业选择能力为2级样本的历年平均收入高10 744元，比职业选择能力为1级样本的历年平均收入高15 686元；具有高中及以上教育水平样本内部，职业选择能力为3级样本的历年平均收入比职业选择能力为2级样本的历年平均收入高16 858元，比职业选择能力为1级样本的历年平均收入高24 196元。

另一方面，农村居民1980年后群体内部受教育程度越高，职业选择能力等级越高，其收入越高的特征显著于1980年前群体。具有小学及以下教育水平样本内部，1980年后群体3级职业选择能力样本与2级职业选择能力样本之间的平均收入差比1980年前群体高96元，3级职业选择能力样本与1级职

业选择能力样本之间的平均收入差比 1980 年前群体高 1 323 元；具有高中及
以上教育水平样本内部，1980 年后群体 3 级职业选择能力样本与 2 级职业选
择能力样本之间的平均收入差比 1980 年前群体仅高 1 735 元，3 级职业选择
能力样本与 1 级职业选择能力样本之间的平均收入差比 1980 年前群体仅高
822 元。由此可知，农村居民教育资本、职业选择能力与收入的关系具有略微
显著的年龄差异，教育资本水平、职业技术能力的提高对 1980 年后群体收入
的提升作用稍显著于 1980 年前群体。

表 5.4　　　　　　年龄差异视角下教育、职业选择能力与收入的关系　　　　　（元）

年龄	教育阶段	职业选择能力等级	2008 年	2010 年	2011 年	2012 年	2013 年	2015 年
1980 年后	小学及以下	1	2 358	2 842	3 211	5 084	7 942	7 097
		2	9 338	6 022	10 165	10 470	7 638	16 379
		3	9 479	9 869	17 786	16 019	36 300	31 139
	初中	1	6 248	6 930	5 212	6 263	6 803	14 199
		2	10 059	8 542	9 908	11 214	12 497	18 037
		3	13 432	19 354	19 188	24 953	26 675	30 336
	高中及以上	1	4 344	4 671	9 335	8 208	12 054	7 449
		2	11 522	10 309	20 094	10 476	13 112	19 100
		3	24 634	35 726	10 659	39 089	40 523	45 539
1980 年前	小学及以下	1	4 010	3 450	5 903	4 977	7 164	7 045
		2	6 652	6 274	12 207	9 236	10 937	11 358
		3	14 450	14 124	7 594	22 209	24 581	33 708
	初中	1	4 691	5 419	8 394	5 822	7 174	13 501
		2	9 449	10 550	16 814	12 043	11 933	13 865
		3	15 795	20 979	9 646	24 047	32 242	36 408
	高中及以上	1	10 668	8 121	7 192	6 221	19 485	13 480
		2	10 159	9 988	29 328	16 304	15 717	27 703
		3	19 260	28 191	25 278	41 060	41 675	54 881

数据来源：根据历年 CGSS 数据整理。

5.1.5 民族差异视角下教育、职业选择能力与农民增收

不同民族群体一方面由于其民族属性特征不同而具有差异化的教育资本水平；另一方面，由于其经历差异化的经济、文化成长环境，也使其产生教育资本的差异，教育资本水平的民族差异是否会影响职业选择能力，从而影响收入和影响程度有多大是研究教育资本、职业选择能力与收入关系的重要的内容维度之一，因此本书将 CGSS 农村居民的数据按民族特征分成汉族样本与少数民族样本，从民族差异的视角比较不同教育资本水平、职业选择能力下收入的差异及变化。具体如下：

从历年不同民族群体农村居民教育资本水平、职业选择能力与收入的对应关系来看，一方面，汉族及少数民族群体中农村居民受教育程度越高，职业选择能力等级越高，其收入越高，且受教育程度越高，各职业选择能力等级间的收入绝对差距越大。农村汉族群体具有高中及以上教育水平的样本中，1~3 级职业选择能力样本的历年平均收入分别为 8 883 元、15 244 元和 36 124 元，比具有初中教育水平汉族样本的平均收入分别高 1 565 元、3 200 元和 8 322 元，比具有小学及以下教育水平汉族样本的平均收入分别高 3 751 元、5 469 元和 15 264 元。农村汉族群体具有小学及以下教育水平样本内部，职业选择能力为 3 级样本的历年平均收入比职业选择能力为 2 级样本的历年平均收入高 11 086 元，比职业选择能力为 1 级样本的历年平均收入高 15 693 元；具有初中教育水平样本内部，职业选择能力为 3 级样本的历年平均收入比职业选择能力为 2 级样本的历年平均收入高 15 759 元，比职业选择能力为 1 级样本的历年平均收入高 20 485 元；具有高中及以上教育水平样本内部，职业选择能力为 3 级样本的历年平均收入比职业选择能力为 2 级样本的历年平均收入高 20 880 元，比职业选择能力为 1 级样本的历年平均收入高 27 242 元。农村少数民族群体具有高中及以上教育水平的样本中，1~3 级职业选择能力样本的历年平均收入分别为 8 138 元、10 768 元和 31 001 元，比具有初中教育水平少数民族样本的平均收入分别高 3 649 元、1 815 元和 5 231 元，比具有小学及以下教育水平少数民族样本的平均收入分别高 4 387 元、1 399 元和 16 559 元。农村汉族群体具有小学及以下教育水平样本内部，职业选择能力

为 3 级样本的历年平均收入比职业选择能力为 2 级样本的历年平均收入高
5 074元，比职业选择能力为 1 级样本的历年平均收入高 10 691 元；具有初中
教育水平样本内部，职业选择能力为 3 级样本的历年平均收入比职业选择能
力为 2 级样本的历年平均收入高 16 818 元，比职业选择能力为 1 级样本的历
年平均收入高 21 281 元；具有高中及以上教育水平样本内部，职业选择能力
为 3 级样本的历年平均收入比职业选择能力为 2 级样本的历年平均收入高
20 234元，比职业选择能力为 1 级样本的历年平均收入高 22 863 元。

　　另一方面，农村居民汉族群体内部受教育程度越高，职业选择能力等级
越高，其收入越高的特征显著于少数民族群体。具有小学及以下教育水平样
本内部，汉族群体 3 级职业选择能力样本与 2 级职业选择能力样本之间的平
均收入差比少数民族群体高 6 012 元，3 级职业选择能力样本与 1 级职业选择
能力样本之间的平均收入差比少数民族群体高 5 002 元；具有高中及以上教育
水平样本内部，汉族群体 3 级职业选择能力样本与 2 级职业选择能力样本之
间的平均收入差比少数民族群体高 647 元，3 级职业选择能力样本与 1 级职业
选择能力样本之间的平均收入差比少数民族群体高 4 376 元。由此可知，农村
居民教育资本、职业选择能力与收入的关系具有显著的民族差异，教育资本
水平、职业技术能力的提高对汉族群体收入的提升作用显著于少数民族群体
（见表 5.5）。

表 5.5　　　　　　　民族差异视角下教育、职业选择能力与收入的关系　　　　　　（元）

民族	教育阶段	职业选择能力等级	2008 年	2010 年	2011 年	2012 年	2013 年	2015 年
汉族	小学及以下	1	4 050	3 334	4 196.0	5 004	7 144	7 277
		2	7 251	6 154	6 785.0	9 460	10 396	18 604
		3	14 717	13 714	15 242.0	22 392	24 898	34 202
	初中	1	5 616	5 876	5 753.0	6 063	7 217	13 381
		2	11 773	10 409	10 221.0	11 939	12 174	15 748
		3	15 347	19 999	20 671.0	24 496	30 334	55 971
	高中及以上	1	7 619	5 533	4 793.0	6 260	15 571	13 521
		2	10 587	10 814	13 717.0	15 535	14 255	26 557
		3	21 764	31 188	27 448.0	41 498	45 486	49 363

民族	教育阶段	职业选择能力等级	2008 年	2010 年	2011 年	2012 年	2013 年	2015 年
少数民族	小学及以下	1	846	2 547	3 727.0	3 895	5 928	5 567
		2	8 425	6 695	11 133.0	8 886	8 720	12 354
		3	7 596	11 284	14 433.0	11 032	30 444	11 867
	初中	1	1 832	4 564	3 762.5	2 480	5 962	8 336
		2	7 313	9 700	8 665.0	7 619	9 884	10 531
		3	11 995	24 302	33 110.0	20 712	33 605	30 900
	高中及以上	1	1 567	8 363	7 500.0	9 739	16 430	5 230
		2	13 267	8 446	10 083.0	9 295	8 884	14 631
		3	15 167	19 700	44 933.0	21 653	42 990	41 564

数据来源：根据历年 CGSS 数据整理。

5.2　教育、职业技术能力与农民增收

5.2.1　教育、职业技术能力与农民增收的总体关系

为详细分析农村居民教育资本、职业技术能力与农民增收之间的关系，利用 CGSS 数据中从事非农工作的农村样本的"工作中的管理活动情况"指标衡量样本的职业技术能力。将具有"只受别人管理，不管理别人"特征样本的职业技术能力定义为 1 级；将具有"既不管理别人，又不受别人管理""既管理别人，又受别人管理"特征样本的职业技术能力定义为 2 级；将具有"只管理别人，不受别人管理"特征样本的职业技术能力定义为 3 级，其代表的职业技术能力从小到大。利用"受教育状况"指标衡量样本的教育资本情况，将样本的受教育情况划分为 3 个阶段，即具有"小学及以下""初中""高中及以上"，其代表教育资本水平从低到高。利用"年收入"指标衡量样本的收入状况。

从 2008 ~ 2015 年农村居民教育资本、职业技术能力与收入的对应关系来看，农村居民受教育程度越高，职业技术能力等级越高，其收入越高，且受教育程度越高，各职业技术能力等级间的收入绝对差距越大。具有高中及以

上教育水平的农村样本中，1～3 级职业技术能力样本的历年平均收入分别为
26 248 元、37 036 元和 78 160 元，比具有初中教育水平样本的平均收入分别
高 6 019 元、8 798 元和 23 931 元，比具有小学及以下教育水平样本的平均收
入分别高 10 915 元、8 141 元和 31 415 元。具有小学及以下教育水平样本内
部，职业技术能力为 3 级样本的历年平均收入比职业技术能力为 2 级样本的
历年平均收入高 17 851 元，比职业技术能力为 1 级样本的历年平均收入高
31 412 元；具有初中教育水平样本内部，职业技术能力为 3 级样本的历年平均
收入比职业技术能力为 2 级样本的历年平均收入高 25 992 元，比职业技术能
力为 1 级样本的历年平均收入高 34 000 元；具有高中及以上教育水平样本内
部，职业技术能力为 3 级样本的历年平均收入比职业技术能力为 2 级样本的
历年平均收入高 41 125 元，比职业技术能力为 1 级样本的历年平均收入高
51 912 元。由此可知，农村居民受教育程度、职业技术能力均对收入的变化具
有重要影响（见表 5.6）。

表 5.6　　　　　　　　教育、职业技术能力与收入的总体关系　　　　　　（元）

教育阶段	职业技术能力等级	2008 年	2010 年	2011 年	2012 年	2013 年	2015 年
小学及以下	1	7 886	10 970	12 994	15 344	21 802	23 006
	2	10 839	20 265	25 859	28 975	38 950	48 480
	3	46 885	49 132	40 556	42 923	49 979	51 000
	平均值	21 870	26 789	26 470	29 080	36 910	40 829
初中	1	12 521	14 992	17 519	20 811	24 715	30 818
	2	13 966	22 840	24 492	29 120	39 741	39 264
	3	34 581	52 952	53 125	57 506	60 293	66 920
	平均值	20 356	30 261	31 712	35 812	41 583	45 667
高中及以上	1	15 158	19 452	19 949	29 782	34 973	38 176
	2	24 501	27 656	36 930	37 816	43 724	51 587
	3	58 688	68 130	56 278	68 955	112 753	104 158
	平均值	32 782	38 412	37 719	45 518	63 817	64 640

数据来源：根据历年 CGSS 数据整理。

5.2.2　性别差异视角下教育、职业技术能力与农民增收

不同性别群体一方面由于其自然的性别属性特征不同而具有差异化的教育资本水平;另一方面,由于面临差异化的社会文化背景,也使其产生教育资本水平的差异,教育资本的性别差异是否会影响其职业技术能力,从而影响收入和影响程度有多大是研究教育资本、职业技术能力与收入关系的重要的内容维度之一,因此本书将 CGSS 农村居民的数据按性别特征分成男性与女性样本,从性别差异的视角比较不同教育资本水平、职业技术能力下收入的差异及变化。具体如下:

从历年不同性别群体农村居民教育资本水平、职业技术能力与收入的对应关系来看,一方面,男性及女性群体中农村居民受教育程度越高,职业技术能力等级越高,其收入越高,且受教育程度越高,各职业技术能力等级间的收入绝对差距越大。农村居民男性群体具有高中及以上教育水平的样本中,1~3 级职业技术能力样本的历年平均收入分别为 29 111 元、41 794 元和 86 710元,比具有初中教育水平男性样本的平均收入分别高 79 元、10 728 元和 12 490 元,比具有小学及以下教育水平男性样本的平均收入分别高 11 311元、6 973 元和 29 796 元。农村男性群体具有小学及以下教育水平样本内部,职业选择能力为 3 级样本的历年平均收入比职业选择能力为 2 级样本的历年平均收入高 22 093 元,比职业技术能力为 1 级样本的历年平均收入高 39 114元;具有初中教育水平样本内部,职业技术能力为 3 级样本的历年平均收入比职业技术能力为 2 级样本的历年平均收入高 43 154 元,比职业技术能力为 1级样本的历年平均收入高 45 188 元;具有高中及以上教育水平样本内部,职业技术能力为 3 级样本的历年平均收入比职业技术能力为 2 级样本的历年平均收入高 44 916 元,比职业技术能力为 1 级样本的历年平均收入高 57 599 元。农村居民女性群体具有高中及以上教育水平的样本中,1~3 级职业技术能力样本的历年平均收入分别为 22 819 元、29 147 元和 55 236 元,比具有初中教育水平女性样本的平均收入分别高 7 507 元、6 739 元和 18 801 元,比具有小学及以下教育水平女性样本的平均收入分别高 10 406 元、5 606 元和 23 835元。农村女性群体具有小学及以下教育水平样本内部,职业技术能力为 3 级

样本的历年平均收入比职业技术能力为 2 级样本的历年平均收入高 7 860 元，比职业技术能力为 1 级样本的历年平均收入高 18 988 元；具有初中教育水平样本内部，职业技术能力为 3 级样本的历年平均收入比职业技术能力为 2 级样本的历年平均收入高 14 027 元，比职业技术能力为 1 级样本的历年平均收入高 21 123 元；具有高中及以上教育水平样本内部，职业技术能力为 3 级样本的历年平均收入比职业技术能力为 2 级样本的历年平均收入高 26 089 元，比职业技术能力为 1 级样本的历年平均收入高 32 417 元。

另一方面，农村居民男性群体内部受教育程度越高，职业技术能力等级越高，其收入越高的特征显著大于女性群体。具有小学及以下教育水平样本内部，男性 3 级职业技术能力样本与 2 级职业技术能力样本之间的平均收入差比女性样本高 14 233 元，3 级职业技术能力样本与 1 级职业技术能力样本之间的平均收入差比女性高 20 126 元；具有初中教育水平样本内部，男性 3 级职业技术能力样本与 2 级职业技术能力样本之间的平均收入差比女性样本高 29 126 元，3 级职业技术能力样本与 1 级职业技术能力样本之间的平均收入差比女性高 24 065 元；具有高中及以上教育水平样本内部，男性 3 级职业技术能力样本与 2 级职业技术能力样本之间的平均收入差比女性样本高 18 826 元，3 级职业技术能力样本与 1 级职业技术能力样本之间的平均收入差比女性高 25 182 元。由此可知，农村居民教育资本、职业技术能力与收入的关系具有显著的性别差异，教育资本水平、职业技术能力的提高对男性收入提升的影响大于女性（见表 5.7）。

5.2.3 地区差异视角下教育、职业技术能力与农民增收

不同地区农村居民一方面由于其所拥有的自然资源条件不同而具有差异化的教育资本需求；另一方面，由于面临差异化的社会、经济、文化背景，也使其产生教育资本获得的能力差异，教育资本的地区差异是否会影响农村居民职业技术能力，从而影响收入和影响程度有多大是研究教育资本、职业技术能力与收入关系的重要的内容维度之一，因此本书将 CGSS 农村居民的数据按地区经济发展特征分成东部地区、中部地区及西部地区样本，从地区差异的视角比较不同教育资本水平、职业技术能力下收入的差异及变化。具体如下：

表 5.7 性别差异视角下教育、职业技术能力与收入的关系 （元）

性别	教育阶段	职业技术能力等级	2008 年	2010 年	2011 年	2012 年	2013 年	2015 年
男性	小学及以下	1	8 496	12 095	15 182	18 297	25 198	27 529
		2	11 825	23 318	62 872	31 542	43 981	35 386
		3	67 143	60 071	22 500	25 933	48 500	117 333
		平均值	29 155	31 828	33 518	25 257	39 226	60 083
	初中	1	11 251	17 934	22 113	24 523	28 603	69 768
		2	15 638	26 287	25 737	30 257	44 433	44 042
		3	41 667	63 063	45 833	60 609	72 000	162 147
		平均值	22 852	35 761	31 228	38 463	48 345	91 986
	高中及以上	1	14 410	21 482	23 261	32 155	40 669	42 686
		2	29 101	30 215	47 783	41 843	45 329	56 494
		3	22 727	127 618	49 861	79 145	127 574	113 333
		平均值	22 079	59 772	40 302	51 048	71 191	70 838
女性	小学及以下	1	7 099	9 315	10 878	11 287	16 511	19 388
		2	8 080	14 205	10 298	18 176	18 754	71 737
		3	23 250	18 500	76 667	16 471	16 120	37 400
		平均值	12 810	14 007	32 614	15 311	17 128	42 842
	初中	1	14 087	10 492	11 109	14 778	18 701	22 709
		2	11 469	15 299	22 535	26 619	27 078	31 450
		3	10 286	32 730	35 000	48 870	39 667	52 063
		平均值	11 947	19 507	22 881	30 089	28 482	35 407
	高中及以上	1	16 117	16 851	16 689	26 689	27 686	32 882
		2	15 616	23 192	23 711	29 718	40 031	42 615
		3	11 283	75 000	69 111	47 444	54 700	73 880
		平均值	14 339	38 348	36 504	34 617	40 806	49 792

数据来源：根据历年 CGSS 数据整理。

从历年不同地区农村居民教育资本水平、职业技术能力与收入的对应关系来看，一方面，各地区农村居民职业技术能力等级越高，其收入越高，但并未表现受教育程度越高收入越高及各职业技术能力等级间的收入绝对差距随受教育程度增加而越大的特征。东部地区具有小学及以下教育水平样本内部，职业技术能力为 3 级样本的历年平均收入比职业技术能力为 2 级样本的历年平均收入高 10 232 元，比职业技术能力为 1 级样本的历年平均收入高 46 512 元；具有初中教育水平样本内部，职业技术能力为 3 级样本的历年平均收入比职业技术能力为 2 级样本的历年平均收入高 32 847 元，比职业技术能力为 1 级样本的历年平均收入高 36 479 元；具有高中及以上教育水平样本内部，职业技术能力为 3 级样本的历年平均收入比职业技术能力为 2 级样本的历年平均收入高 56 217 元，比职业技术能力为 1 级样本的历年平均收入高 72 931 元。中部地区具有小学及以下教育水平样本内部，职业技术能力为 3 级样本的历年平均收入比职业技术能力为 2 级样本的历年平均收入高 6 802 元，比职业技术能力为 1 级样本的历年平均收入高 20 977 元；具有初中教育水平样本内部，职业技术能力为 3 级样本的历年平均收入比职业技术能力为 2 级样本的历年平均收入高 22 419 元，比职业技术能力为 1 级样本的历年平均收入高 31 948 元；具有高中及以上教育水平样本内部，职业技术能力为 3 级样本的历年平均收入比职业技术能力为 2 级样本的历年平均收入高 15 011 元，比职业技术能力为 1 级样本的历年平均收入高 20 942 元。西部地区具有小学及以下教育水平样本内部，职业技术能力为 3 级样本的历年平均收入比职业技术能力为 2 级样本的历年平均收入高 10 863 元，比职业技术能力为 1 级样本的历年平均收入高 37 514 元；具有初中教育水平样本内部，职业技术能力为 3 级样本的历年平均收入比职业技术能力为 2 级样本的历年平均收入高 39 425 元，比职业技术能力为 1 级样本的历年平均收入高 44 492 元；具有高中及以上教育水平样本内部，职业技术能力为 3 级样本的历年平均收入比职业技术能力为 2 级样本的历年平均收入高 34 911 元，比职业技术能力为 1 级样本的历年平均收入高 39 973 元。

　　另一方面，在受教育水平较高的样本中，东部地区农村居民职业技术能力等级越高，其收入越高的特征显著大于中部及西部地区。但在受教育水平较低的样本中，西部地区农村居民职业技术能力等级越高，其收入越高的特征显著于中部及东部地区。具有初中教育水平样本内部，西部地区 3 级职业技术能力样本与 2 级职业技术能力样本之间的平均收入差比东部地区样本高6 578元，比中部地区高 17 006 元，东部地区 3 级职业技术能力样本与 1 级职业技术能力样本之间的平均收入差比东部地区高 8 013 元，比中部地区高12 545元；具有高中教育水平样本内部，东部地区 3 级职业技术能力样本与 2 级职业技术能力样本之间的平均收入差比中部地区样本高41 206 元，比西部地区高 21 306 元，东部地区 3 级职业技术能力样本与 1 级职业技术能力样本之间的平均收入差比中部地区高 51 989 元，比西部地区高 32 958 元。由此可知，农村居民教育资本、职业技术能力与收入的关系具有显著的地区差异，职业技术能力的提高对西部地区受教育水平较低的农村居民收入提升的影响大于东部及中部地区受教育水平较低的农村居民，对东部地区受教育水平较高的农村居民收入提升的影响大于西部及中部地区受教育水平较高的农村居民（见表5.8）。

表5.8　　　　　地区差异视角下教育、职业技术能力与收入的关系　　　　（元）

地区	教育阶段	职业技术能力等级	2008 年	2010 年	2011 年	2012 年	2013 年	2015 年
东部	小学及以下	1	13 337	10 971	17 569	16 700	26 584	29 624
		2	15 829	26 815	186 650	43 028	33 692	26 451
		3	32 000	61 714	105 000	20 000	46 000	129 143
		平均值	20 389	33 167	103 073	26 576	35 425	61 739
	初中	1	19 826	15 636	19 051	23 111	28 991	76 961
		2	17 607	28 974	31 025	34 658	43 655	49 450
		3	46 750	70 059	20 000	58 122	54 778	152 742
		平均值	28 061	38 223	23 359	38 630	42 475	93 051
	高中及以上	1	19 172	20 101	23 729	34 342	43 648	40 386
		2	34 770	35 452	48 173	46 407	54 239	62 625
		3	22 800	120 278	90 000	89 850	148 735	147 304
		平均值	25 581	58 610	53 967	56 866	82 207	83 438

续表

地区	教育阶段	职业技术能力等级	2008 年	2010 年	2011 年	2012 年	2013 年	2015 年
中部	小学及以下	1	7 508	11 761	11 089	14 111	18 984	21 579
		2	9 966	7 315	20 610	22 313	71 131	38 745
		3	13 833	48 633	14 500	27 625	33 571	72 727
		平均值	10 436	22 570	15 399	21 350	41 229	44 350
	初中	1	7 538	13 778	16 744	18 020	21 378	25 450
		2	14 176	11 627	28 283	26 801	45 457	33 738
		3	16 538	30 286	50 267	69 690	42 353	85 462
		平均值	12 751	18 564	31 765	38 170	36 396	48 217
	高中及以上	1	10 121	16 711	15 951	22 500	24 042	36 444
		2	10 735	18 196	25 095	30 662	39 458	37 208
		3	10 500	26 900	43 636	47 381	71 083	51 920
		平均值	10 452	20 602	28 227	33 514	44 861	41 857
西部	小学及以下	1	5 111	10 013	10 220	15 201	17 388	14 397
		2	8 616	16 834	17 213	22 695	38 193	128 683
		3	156 000	34 950	25 200	20 330	41 433	19 500
		平均值	56 576	20 599	17 544	19 409	32 338	54 193
	初中	1	8 084	15 468	15 129	21 691	18 758	24 204
		2	10 158	21 131	21 430	19 520	29 488	32 011
		3	48 300	52 038	58 667	35 235	92 714	83 333
		平均值	22 181	29 546	31 742	25 482	46 987	46 516
	高中及以上	1	11 294	21 777	24 155	26 853	26 199	33 174
		2	10 946	35 535	28 133	26 768	30 446	41 995
		3	20 000	155 000	54 583	34 200	57 108	62 400
		平均值	14 080	70 771	35 624	29 274	37 918	45 856

数据来源：根据历年 CGSS 数据整理。

5.2.4　年龄差异视角下教育、职业技术能力与农民增收

不同年龄群体一方面由于其年龄属性特征不同而具有差异化的教育资本水平；另一方面，由于其经历差异化的社会文化成长环境，也使其产生教育资本水平差异。教育资本水平的年龄差异是否会影响农村居民职业技术能力，

从而影响收入和影响程度有多大是研究教育资本、职业技术能力与收入关系的重要的内容维度之一，因此本书将 CGSS 农村居民的数据按年龄特征分成 1980 年后样本与 1980 年前样本，从年龄差异的视角比较不同教育资本水平、职业技术能力下收入的差异及变化。具体如下：

从历年不同年龄群体农村居民教育资本水平、职业技术能力与收入的对应关系来看，一方面，1980 年后及 1980 年前群体中农村居民受教育程度越高，职业技术能力等级越高，其收入越高，农村 1980 年后群体具有高中及以上教育水平的样本中，1～3 级职业技术能力样本的历年平均收入分别为 26 106 元、38 304 元和 98 401 元，比具有初中教育水平 1980 年后样本的平均收入分别高 4 083 元、7 708 元和 52 590 元，比具有小学及以下教育水平 1980 年后样本的平均收入分别高 9 443 元、12 480 元和 33 845 元。农村 1980 年前群体具有高中及以上教育水平的样本中，1～3 级职业技术能力样本的历年平均收入分别为 26 951 元、38 728 元和 73 289 元，比具有初中教育水平 1980 年前样本的平均收入分别高 7 721 元、11 406 元和 5 851 元，比具有小学及以下教育水平 1980 年前样本的平均收入分别高 11 778 元、6 123 元和 24 028 元。

另一方面，农村居民受教育水平处于小学及以下和高中及以上阶段的 1980 年后群体，其职业技术能力等级越高，收入越高的特征显著于 1980 年前群体。但受教育水平处于初中阶段的 1980 年前群体其职业技术能力等级越高，收入越高的特征显著于 1980 年后群体。具有小学及以下教育水平样本内部，1980 年后群体 3 级职业技术能力样本与 2 级职业技术能力样本之间的平均收入差比 1980 年前群体高 22 076 元，3 级职业技术能力样本与 1 级职业技术能力样本之间的平均收入差比 1980 年前群体高 13 804 元；具有高中及以上教育水平样本内部，1980 年后群体 3 级职业技术能力样本与 2 级职业技术能力样本之间的平均收入差比 1980 年前群体高 25 536 元，3 级职业技术能力样本与 1 级职业技术能力样本之间的平均收入差比 1980 年前群体高 25 956 元；具有初中教育水平样本内部，1980 年前群体 3 级职业技术能力样本与 2 级职业技术能力样本之间的平均收入差比 1980 年后群体高 24 902 元，3 级职业技术能力样本与 1 级职业技术能力样本之间的平均收入差比 1980 年后群体高 24 422 元。由此可知，农村居民教育资本、职业技术能力与收入的关系具有显著的年龄差异，教育资本水平、职业技术能力的提高对 1980 年后群体收入的提升作用显著于 1980 年前群体（见表 5.9）。

表 5.9　　　　　　年龄差异视角下教育、职业技术能力与收入的关系　　　　（元）

年龄	教育阶段	职业技术能力等级	2008 年	2010 年	2011 年	2012 年	2013 年	2015 年
1980 年后	小学及以下	1	8 610	9 628	15 217	16 808	24 507	25 208
		2	7 600	24 466	12 500	28 136	60 768	21 476
		3	29 333	200 000	22 333	37 333	55 333	43 000
		平均值	15 181	78 031	16 683	27 426	46 869	29 895
	初中	1	17 248	13 860	17 931	23 674	23 399	36 022
		2	13 295	22 474	29 191	31 468	46 623	40 526
		3	13 571	36 929	41 250	62 413	40 429	80 273
		平均值	14 705	24 421	29 458	39 185	36 817	68 940
	高中及以上	1	18 051	20 184	20 323	29 817	32 799	35 462
		2	42 570	24 832	30 576	35 084	43 848	52 914
		3	16 171	213 571	111 667	73 346	98 590	77 059
		平均值	25 598	86 196	54 188	46 083	58 413	55 145
1980 年前	小学及以下	1	7 757	11 204	12 742	15 162	21 435	22 731
		2	11 443	18 721	51 887	29 107	32 266	52 209
		3	52 150	40 750	49 667	20 647	37 100	95 250
		平均值	23 783	23 558	38 099	21 639	30 267	56 730
	初中	1	10 252	15 507	17 281	19 395	25 414	27 523
		2	14 154	23 061	23 423	28 017	36 252	39 028
		3	40 708	57 828	43 661	55 742	66 614	140 077
		平均值	21 705	32 132	28 121	34 385	42 760	68 876
	高中及以上	1	12 016	18 842	19 581	29 741	37 955	43 563
		2	20 364	29 261	48 649	40 063	43 922	50 110
		3	20 450	71 225	40 452	65 150	120 579	121 877
		平均值	17 610	39 776	36 227	44 985	67 485	71 850

数据来源：根据历年 CGSS 数据整理。

5.2.5　民族差异视角下教育、职业技术能力与农民增收

不同民族群体一方面由于其民族属性特征不同而具有差异化的教育资本
水平；另一方面，由于其经历差异化的经济、文化成长环境，也使其产生教
育资本的差异，教育资本水平的民族差异是否会影响职业技术能力，从而影

响收入和影响程度有多大是研究教育资本、职业技术能力与收入关系的重要的内容维度之一，因此本书将 CGSS 农村居民的数据按民族特征分成汉族样本与少数民族样本，从民族差异的视角比较不同教育资本水平、职业技术能力下收入的差异及变化。具体如下：

从历年不同民族群体农村居民教育资本水平、职业技术能力与收入的对应关系来看，一方面，汉族及少数民族群体中农村居民受教育程度越高，职业技术能力等级越高，其收入越高，且受教育程度越高，各职业技术能力等级间的收入绝对差距越大。农村汉族群体具有高中及以上教育水平的样本中，1~3 级职业技术能力样本的历年平均收入分别为 26 387 元、38 244 元和 77 416 元，比具有初中教育水平汉族样本的平均收入分别高 2 449 元、9 703 元和 13 174 元，比具有小学及以下教育水平汉族样本的平均收入分别高 10 821 元、3 844 元和 27 324 元。农村汉族群体具有小学及以下教育水平样本内部，职业技术能力为 3 级样本的历年平均收入比职业技术能力为 2 级样本的历年平均收入高 15 692 元，比职业技术能力为 1 级样本的历年平均收入高 34 525 元；具有初中教育水平样本内部，职业技术能力为 3 级样本的历年平均收入比职业技术能力为 2 级样本的历年平均收入高 35 702 元，比职业技术能力为 1 级样本的历年平均收入高 40 304 元；具有高中及以上教育水平样本内部，职业技术能力为 3 级样本的历年平均收入比职业技术能力为 2 级样本的历年平均收入高 39 172 元，比职业技术能力为 1 级样本的历年平均收入高 51 029 元。农村少数民族群体具有高中及以上教育水平的样本中，1~3 级职业技术能力样本的历年平均收入分别为 23 747 元、29 114 元和 54 681 元，比具有初中教育水平少数民族样本的平均收入分别高 5 972 元、528 元和 14 258 元，比具有小学及以下教育水平少数民族样本的平均收入分别高 10 170 元、13 155 元和 36 274 元。农村汉族群体具有小学及以下教育水平样本内部，职业技术能力为 3 级样本的历年平均收入比职业技术能力为 2 级样本的历年平均收入高 2 448 元，比职业技术能力为 1 级样本的历年平均收入高 4 829 元；具有初中教育水平样本内部，职业技术能力为 3 级样本的历年平均收入比职业技术能力为 2 级样本的历年平均收入高 11 836 元，比职业技术能力为 1 级样本的历年平均收入高 22 647 元；具有高中及以上教育水平样本内部，职业技术能力为 3 级样本的历年平均收入比职业技术能力为 2 级样本的历年平均收入高 25 566 元，比职业技术能力为 1 级样本的历年平均收入高 30 933 元。

另一方面，农村居民汉族群体内部受教育程度越高，职业技术能力等级越高，其收入越高的特征显著于少数民族群体。具有小学及以下教育水平样本内部，汉族群体 3 级职业技术能力样本与 2 级职业技术能力样本之间的平均收入差比少数民族群体高 13 244 元，3 级职业技术能力样本与 1 级职业技术能力样本之间的平均收入差比少数民族群体高 29 696 元；具有初中教育水平样本内部，汉族群体 3 级职业技术能力样本与 2 级职业技术能力样本之间的平均收入差比少数民族群体高 23 866 元，3 级职业技术能力样本与 1 级职业技术能力样本之间的平均收入差比少数民族群体高 17 657 元；具有高中及以上教育水平样本内部，汉族群体 3 级职业技术能力样本与 2 级职业技术能力样本之间的平均收入差比少数民族群体高 13 606 元，3 级职业技术能力样本与 1 级职业技术能力样本之间的平均收入差比少数民族群体高 20 095 元。由此可知，农村居民教育资本、职业技术能力与收入的关系具有显著的民族差异，教育资本水平、职业技术能力的提高对汉族群体收入的提升作用显著于少数民族群体（见表 5.10）。

表 5.10　　　　　民族差异视角下教育、职业技术能力与收入的关系　　　　　（元）

民族	教育阶段	职业技术能力等级	2008 年	2010 年	2011 年	2012 年	2013 年	2015 年
汉族	小学及以下	1	8 622	10 985	12 988	15 648	21 678	23 481
		2	11 307	20 613	52 099	31 253	39 954	51 175
		3	55 050	53 706	44 375	23 062	39 979	84 381
		平均值	24 993	28 435	36 487	23 321	33 870	53 012
	初中	1	12 763	15 324	17 524	20 854	24 760	52 404
		2	14 736	22 780	24 410	29 002	40 657	39 660
		3	34 581	53 521	44 191	60 006	58 308	134 848
		平均值	20 693	30 541	28 708	36 621	41 241	75 637
	高中及以上	1	15 252	19 548	20 193	30 128	35 588	37 616
		2	25 135	28 244	38 788	39 906	44 784	52 603
		3	19 007	111 327	46 904	69 907	113 094	104 257
		平均值	19 798	53 040	35 295	46 647	64 489	64 826

续表

民族	教育阶段	职业技术能力等级	2008 年	2010 年	2011 年	2012 年	2013 年	2015 年
少数民族	小学及以下	1	3 997	10 833	13 120	12 075	23 110	18 330
		2	7 415	17 369	15 300	14 902	27 355	13 412
		3	19 667	24 733	10 000	21 030	25 010	10 000
		平均值	10 360	17 645	12 807	16 002	25 159	13 914
	初中	1	10 250	7 853	20 800	19 947	23 760	24 040
		2	6 476	23 625	38 667	41 652	27 923	33 172
		3	19 200	49 250	25 000	35 833	77 500	35 750
		平均值	11 975	26 909	28 156	32 478	43 061	30 987
	高中及以上	1	13 629	18 600	10 000	25 016	25 830	49 411
		2	11 925	19 025	24 750	27 789	33 169	58 028
		3	20 100	25 000	30 000	43 250	109 733	100 000
		平均值	15 218	20 875	21 583	28 685	52 911	59 146

数据来源：根据历年 CGSS 数据整理。

5.3 教育、职业能力与农民增收的实证研究

5.3.1 理论分析与研究假说

（1）教育与农村居民增收。

人力资本理论从教育的生产性功能的视角分析了教育对收入的影响，提出教育能够提高个人的能力及生产力水平，所以受教育程度越高的人，劳动生产率越高，收入就越高。明瑟（Mincer，1974）提出，在自由竞争的市场环境中，知识技能与生产效率和经济效益成正比，因此个体受教育程度越高，其可能获得的经济收入就越高。筛选理论从教育信号功能的视角分析了教育对收入的影响，提出教育是反映人的能力的一种信号，这一信号是职位供给方筛选和聘用求职者的重要依据，因此受教育程度较高的求职者在择业中具有竞争优势，并能获得收入更高的工作机会，意味着受教育程度越高，其收入就越高。斯宾塞（Spence，1974）构建文凭信号模型，提出一个具有较高

生产效率的人会选择攻读高学位作为其信号，以便向职位供给方显示自己具有较高的生产能力而获得较高收入。劳动力市场分割理论从教育在劳动力市场选择中的作用分析了教育对收入的影响，提出在劳动力市场分割为主要和次要劳动力市场下，教育是决定求职者进入何种劳动力市场的重要因素，受教育程度越高，进入主要劳动力市场的概率就越大，意味着受教育程度越高，获得高收入的概率也就越大。国内外学者基于人力资本理论、筛选理论及劳动力市场分割理论，从教育阶段，不同性别、地区等受教育群体出发对教育与收入的关系进行了实证研究，大量研究结果表明正规教育对收入均具有显著的正向影响。据此，本书提出以下研究假说：

H1a：教育对农村居民收入具有正向影响；

（2）教育与农村居民职业能力。

随着城乡劳动力市场的放开及农业生产效率的提高，大量农村劳动力从土地中解放出来，农村居民的职业选择开始多元化，因此农村居民的职业能力不仅表现为完成某一特定职业工作的职业技术能力，还表现为在不同职业间进行初次和再次选择的职业选择能力。教育作为重要的人力资本形成方式，其对农村居民的职业选择能力尤其是在农业及非农业间职业选择能力有重要影响，国内外众多学者对该问题进行了研究，大量研究结果表明，教育与职业选择能力具有显著的正向影响，如阿巴施瓦兹（Aba Schwartz，1973）研究认为文化程度越高，获取就业信息就越具有优势；赵耀辉（1997）研究认为教育程度对农村劳动力选择非农就业具有显著影响；周其仁（1997）研究认为拥有较高人力资本的劳动者能够更主动地对流动机会做出反应；孟欣和张君森（Meng Xin & Zhang Junsen，2001）研究认为教育、职业培训对农民工和本地居民选择同类职业存在不同影响；艾伦·德·布劳（Alan de Brauw et al.，2002）研究认为人力资本是影响农村劳动力非农就业选择的关键因素；张等（2002）研究认为教育水平在决定劳动力向工业部门转移发挥越来越重要的作用；姚先国、俞玲（2006）研究认为文化程度对农民工成为管理、专业技术人员及公司职员的影响最为显著；杨晓军、陈浩（2008）研究认为文化程度对农民工的职业选择存在显著影响；曾旭晖（2016）研究认为教育在总体上促进了农民非农就业转移；柳建平、刘卫兵（2018）研究认为劳动者受教育水平的提高能够显著高其非农就业或更高层次职业的选择机会。同时，人力资本理论认为教育具有生产性功能，能够提高个人能力与生产力水平，其对农村居民的职业技术能力具有显著的正向影响，如纳尔逊与菲尔普斯（Nelson & Phelps，1966）认为教育能提高个人适应环境改变和从事不同工作的能力；韦尔奇（Welch，1970）认为教育能够提升农户的产出技能；法恩（Fane，1975）和霍夫曼（Huffman，1974）认为教育能够提高农民的技术能力；杨（Yang，1997）认为受过更好教育的农民不管他是否从事农业获得，总能提高农业效率；李锋亮和丁小浩（2003）认为教育对劳动者自身生产能力与获利能力具有显著的促进作用；李锋亮、约翰·摩根（W. John Morgan，2008）认为教育显著地促进了劳动者的劳动生产率；范静波（2013）认为教育能通过作用于人力资本的生产过程而提高个人的生产力水平。据此，本书提出以下假说：

H1b：教育对农村居民的职业选择能力具有促进作用；

H2b：教育对农村居民的职业技术能力具有促进作用。

（3）职业能力与农村居民增收。

劳动力收入是农村居民最主要的收入来源，职业能力则是农村居民收入的决定性因素，农村居民是否具有进入非农优质领域工作的职业选择能力是其收入增长的重要决定性因素，同时农村居民的职业技术能力决定了同一职业内部的收入差异。职业选择能力越强，获得进入高收入职业的机会就越大；职业技术能力越强，工作效率就越高，创造的价值就越大，职业内部获得较高收入的可能性就越大。据此，本书提出以下假说：

H1c：农村居民职业选择能力提高能促进农村居民增收；

H2c：农村居民职业技术能力提高能促进农村居民增收。

（4）教育、职业能力与农村居民增收。

根据以上对教育与农村居民增收的关系、教育与职业能力的关系以及职业能力与农村居民增收的关系的探讨。本书判断，教育与农村居民增收之间还存在间接地正相关关系，即教育通过职业能力间接作用于农村居民增收。据此，本书提出以下假设：

H1d：职业选择能力在教育与农村居民增收之间起中介作用；

H2d：职业技术能力在教育与农村居民增收之间起中介作用。

5.3.2 模型构建与数据说明

（1）模型构建。

本书根据温忠麟和叶宝娟（2014）提出的综合性中介效应模型，构建计量方程，以检验职业选择及技术能力是否是教育影响农村居民增收的中介变量。模型设定如下：

$$\text{INC}_i = \alpha_0 + \alpha_1 \text{Edu}_i + \sum_k a_{k+1} x_{ki} + \varepsilon_i \tag{5.1}$$

$$\text{VA}_i^* = \beta_0 + \beta_1 \text{Edu}_i + \sum_m \beta_{m+1} y_{mi} + \omega_i$$

$$\text{VA}_i \begin{cases} 1, \text{如果 } \text{VA}_i^* \leqslant \theta_1 \\ 2, \text{如果 } \theta_1 \leqslant VA_i^* \leqslant \theta_2 \\ \vdots \\ m, \text{如果 } \theta_{m-1} \leqslant \text{VA}_i^* \end{cases} \tag{5.2}$$

$$\text{INC}_i = \gamma_0 + \gamma_1 \text{VA}_i + \gamma_2 \text{Edu}_i + \sum_k \gamma_{n+2} z_{ni} + \psi_i \tag{5.3}$$

上式中，方程（1）和方程（3）是农村居民收入增长决定方程，公式（2）为职业能力决定方程，由于该方程的因变量为有序离散型变量，因而将会采用有序选择模型来估计教育与职业能力之间的关系。INC_i 为第 i 个农村居民的收入水平；Edu_i 为第 i 个农村居民的受教育水平；VA_i 为第 i 个农村居民的职业技能；VA_i^* 为 VA_i 的潜变量；θ_j（$j = 1, 2, \cdots, m$）为有序选择模型的分割点；x_{ki}、y_{mi}、z_{ni} 分别为对应方程的控制变量，α、β、γ 分别为对应方程对应变量的系数，ε_i、ω_i、ψ_i 分别为对应方程的随机扰动项。

参考温忠麟和叶宝娟（2014）提出的中介效应检验程序，采用逐步检验法对教育是否通过职业技术能力这一中介渠道促进农村居民收入增加进行验证。检验步骤分为三步：

第一步：首先验证方程（1）中教育水平 Edu 的系数 α_1 是否显著。若 α_1 不显著，则说明受教育水平对农村居民收入增长无影响，应停止中介效应检验；若 α_1 显著，则中介效应检验继续进行。

第二步：依次检验方程（2）中教育水平 Edu 的系数 β_1 和方程（3）中职业能力 VA 的系数 γ_1 是否显著。若 β_1 和 γ_1 都显著，则说明中介效应存在，但是部分中介效应还是完全中介效应取决于第三步检验结果。当 β_1 和 γ_1 中至少有一个不显著时，则需要进行 Sobel 检验，判断原假设 H0:$\beta_1 \cdot \gamma_1 = 0$ 是否成立。如 Sobel 检验拒绝原假设，则后续检验与逐步检验法下 β_1 和 γ_1 均显著的情形相同；如 Sobel 检验接受原假设，则说明职业技术能力在教育影响农村居民增收的过程中没有起到中介作用。

第三步：检验方程（3）中教育水平 Edu 的系数 γ_2 是否显著。在第二步 β_1 和 γ_1 都显著以及 Sobel 检验拒绝原假设的情形下，若 γ_2 显著，则说明存在部分中介效应；若 γ_2 不显著，则说明存在完全中介效应。

根据中介效应的检验程序，如果存在中介效应，则教育通过职业能力渠道作用于农村居民增收的中介效应为 $\beta_1 \cdot \gamma_1$，教育对农村居民增收的总效应为 $\beta_1 \cdot \gamma_1 + \gamma_2$，中介效应占总效应的比重为 $\beta_1 \cdot \gamma_1 / (\beta_1 \cdot \gamma_1 + \gamma_2)$。

（2）变量设定与数据说明。

①数据来源及描述性统计。

本书的数据来源于全国综合社会调查（CGSS2015）[①] 数据库。CGSS2015 样本总量为 10 968 个，以调查对象户籍性质是否为农村户口为标准将该样本划分为农村样本和城市样本，其中 6 931 个农村样本为本研究的实际研究样本。经过变量调整和缺失值处理后，最终的有效样本量为 3 558 个，样本的人口特征如表 5.11 所示，从性别构成来看，男性占 42.38%，女性占 57.62%；从年龄构成来看，平均年龄为 42.5 岁，处于 20~60 岁之间的人达 66%；从受教育程度来看，具有小学及以下文化程度的比例最高，达 49.94%，大多数样本的受教育水平在初级中及以下，占总人口的 80%，高中或技校占 12.21%，大专及以上占 6.93%；从民族构成来看，汉族占绝大多数，占比达 90% 以上；从收入水平构成来看，大多数样本年收入在 2 万元以下，占总样本的 63.9%；从职业状况来看，无工作、务农及非农就业样本分布比较均匀，各约占三分之一；从区域构成来看，中部地区最多，占总样本的 40.25%，其

---

① CGSS 数据由中国人民大学"中国调查与数据中心"（NSRC）负责收集，详细数据来源参考该中心官方网站：http://www.chinagss.org/。

次是西部地区，占总样本的 30.55%，东部地区最少，占总样本的 29.2%
（见表 5.11）。

表 5.11　　　　　　　　　　　　样本情况

样本特征	类别	样本量（个）	占比（%）	均值	标准差
性别	男	1 508	42.38	—	—
	女	2 050	57.62	—	—
年龄	20 岁以下	73	2.05	18.40	0.49
	20~35 岁	897	25.21	27.09	4.10
	35~50 岁	1 419	39.88	43.13	4.16
	50~60 岁	1 169	32.86	54.90	3.41
受教育程度	小学及以下	1 430	40.19	—	—
	初中	1 247	35.05	—	—
	高中或技校	514	14.45	—	—
	大专及以上	367	10.31	—	—
民族	汉族	3 206	90.11	—	—
	少数民族	352	9.89	—	—
年收入水平	0.5 万元以下	1 213	34.09	0.09	0.13
	0.5 万元~2 万元	993	27.91	0.96	0.34
	2 万元~5 万元	966	27.15	2.85	0.78
	5 万元及以上	386	10.85	7.64	3.64
职业状况	无工作	1 236	34.74	—	—
	务农	1 403	39.43	—	—
	非农就业	919	25.83	—	—
地区①	东部地区	1 007	28.30	—	—
	中部地区	1 433	40.28	—	—
	西部地区	1 118	31.42	—	—

数据来源：根据历年 CGSS 数据整理。

---

① 地区划分同上。

②变量选择与测量。

在农村居民收入增长决定方程中，被解释变量为农村居民的收入情况，使用农村居民的收入水平指标衡量，并用实际收入赋值。主要解释变量为受教育情况，使用受教育程度指标衡量农村居民受教育情况，从不同教育阶段分析教育对农村居民收入及职业能力的影响，受教育程度具体分为小学及以下、初中、高中或中专及技校和大专及以上，采用多分虚拟变量表示。控制变量引入了地区、性别、民族及年龄变量，地区变量具体分为东部地区、中部地区及西部地区，使用多分虚拟变量表示；性别具体为男性和女性，分别赋值1和0；民族具体为汉族和少数民族，分别赋值1和0；年龄变量则使用实际年龄赋值。

在职业能力决定方程中，职业能力为被解释变量，包含职业技术能力和职业选择能力两个维度，使用"自主决定工作的程度"指标衡量职业技术能力，将"只受别人管理，不管理别人"样本的职业技术能力定义为1级，"既不管理别人，又不受别人管理"样本的职业技术能力定义为2级，"既管理别人，又受别人管理"样本的职业技术能力定义为3级，"只管理别人，不受别人管理"样本的职业技术能力定义为4级，级数越高，样本职业技术能力越强。

具体分为完全不能自主、在很少程度上自主、能在一定程度上自主及完全自主，采用有序虚拟变量表示，分别赋值为1、2、3、4；使用工作状态及单位性质变量衡量职业技术能力，具体分为"从未工作过""目前无工作，且只务过农""目前务农，且没有非农工作""目前务农，且曾有非农工作""目前无工作，且曾有过非农工作""从事非农工作，且在私有/民营企业""从事非农工作，且在事业或集体和国有企业"，采用有序虚拟变量表示，分别赋值为1、2、3、4、5、6、7，赋值越高表明职业技术能力越强；控制变量同样引入了地区、性别、民族及年龄变量，处理方式与收入增长决定方程相同（见表5.12）。

表 5. 12   主要变量测量

变量名称	变量说明		最小值	最大值	均值
受教育程度	反映农村居民的文化程度	是否具有初中水平（EDU1）：是 =1，否 =0	0	1	0.35
		是否具有高中或中专及技校水平（EDU2）：是 =1，否 =0	0	1	0.14
		是否具有大专以上水平（EDU3）：是 =1，否 =0	0	1	0.10
收入水平（万）	反映农村居民的收入情况（INC）		0	20	1.90
自主决定工作程度	反映农村居民的职业技术能力（VA1）：只受别人管理，不管理别人 =1，既不管理别人，又不受别人管理 =2，既管理别人，又受别人管理 =3，只管理别人，不受别人管理 =4		1	4	2.50
工作状态及性质	反映农村居民的职业选择能力（VA2）：从未工作过 =1，目前无工作，且只务过农 =2，目前务农，且没有非农工作 =3，目前务农，且曾有非农工作 =4，目前无工作，且曾有过非农工作 =5，从事非农工作，且在私有/民营企业 =6，从事非农工作，且在事业或集体和国有企业 =7		1	7	4.10
性别	反映农村居民的性别特征（SEX）：男 =1，女 =0		0	1	0.42
年龄	反映农村居民的年龄特征（AGE）		18	60	42.50
民族	反映农村居民的民族特征（ETH）：汉族 =1，少数民族 =0		0	1	0.90
地区	反映农村居民的地域特征	是否是中部地区（DIS2）：是 =1，否 =0	0	1	0.40
		是否是东部地区（DIS1）：是 =1，否 =0	0	1	0.28

数据来源：根据历年 CGSS 数据整理。

5.3.3 实证结果及分析

根据中介效应的检验程序，本书分三个步骤检验教育是否通过职业能力的提升来促进农村居民增收：第一，对模型（1）进行实证估计，以验证教育对农村居民收入增长的影响是否显著；第二，对模型（2）进行实证估计，以验证教育对职业能力的影响是否显著；第三，对模型（3）进行实证估计，以验证教育、职业能力对农村居民收入增长的影响是否显著。

（1）教育与农村居民增收。

已有文献关于教育对收入影响的研究，均是采用的线性回归模型，鉴于广义线性模型（GLM）较古典线性模型具有因变量分布假设约束放松及估计方法多样性等优势，本书采用截面数据构建 GLM 模型实证研究教育对农村居民增收的影响，同时农村居民职业能力的中介作用的考察是从职业技术能力和职业选择能力两个视角进行分析，未工作及务农样本对职业技术能力未做出回答，因此为方便下文从职业技术能力和职业选择能力两个方面分析农村居民职业能力的中介作用，在估计教育对农村居民收入影响时采用两个样本数据分别进行回归，模型 1 包含所有样本，模型 2 只包含非农就业样本。为确保回归结果的可靠性，本书对自变量进行了多重共线及异方差检验。结果显示，模型 1 自变量的 VIF 均值为 1.34，且自变量的最大 VIF 为 1.54，模型 2 自变量的 VIF 均值为 1.55，且自变量的最大 VIF 为 1.91，说明自变量之间不存在多重共线问题；异方差检验 P 值均小于 0.05，存在异方差，因此为消除异方差，采用稳健性标准误进行估计（见表 5.13）。

表 5.13　　　　　　　　　　　教育对农村居民增收的影响

变量		系数			
		模型 1		模型 2	
		OLS	GLM	OLS	GLM
C		2 855	2 855	7 775	7 775 *
解释变量	EDU1	4 730 ***	4 730 ***	5 222 ***	5 222 ***
	EDU2	7 976 ***	7 976 ***	9 094 ***	9 094 ***
	EDU3	19 591 ***	19 591 ***	23 256 ***	23 256 ***
控制变量	DIS1	11 496 ***	11 496 ***	12 281 ***	12 281 ***
	DIS2	2 269 ***	2 269 ***	2 225	2 225
	AGE	−32	−32	79	79
	SEX	13 358 ***	13 358 ***	12 909 ***	12 909 ***
	ETH	3 153 ***	3 153 ***	4 242	4 242
方程拟合度统计量	AIC	—	22	—	23
	对数似然比	—	−40 877	—	−20 832
	F 统计量	0.1826	—	28	—

数据来源：以上结果根据计量软件运算结果整理，其中 ***、**、* 分别表示在 1%、5%、10% 的显著水平上通过检验。

由以上结果可知，模型1和模型2中，古典线性模型与广义线性模型的回归系数基本一致，表明回归结果具有较强的稳定性。模型1中，除年龄这一控制变量不显著外，其他变量均在1%的显著水平上通过检验，教育因素的各分变量不管是在古典线性模型中还是广义线性模型中，都在1%的水平下显著影响农村居民收入，并对其具有差异性的正向影响，受教育程度越高，其对农村居民收入的正向影响越大。模型2中，除年龄和民族这两个控制变量不显著外，其他变量均在1%的显著水平上通过检验，教育因素的各分变量同样不管是在古典线性模型中还是广义线性模型中，都在1%的水平下显著影响农村居民收入，且同样具有差异性的正向影响，受教育程度越高，其对农村居民收入的正向影响越大，但模型2中各层级教育对农村居民收入的影响程度要大于模型1，表明教育对农村居民非农收入的影响更为显著。以上分析结果表明不管是基于全部样本还是基于非农就业样本，中介效应检验可以继续进行。

（2）教育与农村居民职业能力。

①教育与农村居民职业选择能力。

本书就各阶段教育水平对农村居民职业选择能力的影响及其边际效应进行了估计。为确保回归结果的可靠性，本书对自变量进行了多重共线及异方差检验。结果显示，自变量的VIF均值为1.26，且自变量的最大VIF为1.45，说明自变量之间不存在多重共线问题；异方差检验P值小于0.05，存在异方差，因此为消除异方差，采用稳健性标准误进行估计。同时在估计模型的选择上，采用有序因变量Logit和Probit模型进行估计，有序因变量Logit模型中，年龄及民族变量不显著，有序因变量Probit模型中，民族变量不显著，因此采用逐步回归法去掉不显著的变量，方程统计量未有明显变化（见表5.14）。

从表5.14结果可知，不管是有序因变量Logit模型还是Probit模型，在控制地区、年龄及性别变量后，教育对农村居民职业选择能力的影响均在1%的显著水平上通过检验，表明教育是影响农村居民职业选择能力的重要因素。从教育对农村居民职业选择能力的影响效应来看，不管是有序因变量Logit模型还是Probit模型，相对于小学及文盲而言，初中教育会降低无工作和务农的可能性，而提高非农工作的可能性，特别是提高在私企或民营企业工作的可能性；相对于初中及以下教育而言，高中、中专及技校教育会更显著降低无工作和务农的可能性，而更显著提高非农工作的可能性，特别是显著提高在私

表5.14　教育对农村居民职业选择能力的影响

变量			解释变量			控制变量				方程拟合度统计量	
			EDU1	EDU2	EDU3	DIS1	DIS2	AGE	SEX	Pseudo R²	Wald chi2
有序因变量 Logit 模型	影响系数	VC1	0.320***	0.670***	1.620***	0.710***	-0.197***	—	0.730***	0.0441	499
	边际效应	VC1	-0.010***	-0.030***	-0.040***	-0.030***	0.009***	—	-0.030***		
		VC2	-0.030***	-0.060***	-0.100***	-0.060***	0.020***	—	-0.070***		
		VC3	-0.020***	-0.050***	-0.100***	-0.050***	0.010***	—	-0.050***		
		VC4	-0.008***	-0.030***	-0.130***	-0.030***	0.003***	—	-0.020***		
		VC5	0.010***	0.020***	0.015***	0.030***	-0.009***	—	0.030***		
		VC6	0.040	0.090	0.190	0.090	-0.020	—	0.090		
		VC7	0.020	0.050	0.210	0.050	-0.010	—	0.050		
有序因变量 Probit 模型	影响系数	VC1	0.220***	0.380***	0.800***	0.430***	-0.100**	0.00300*	0.410***	0.0403	476
	边际效应	VC1	-0.020***	-0.030***	-0.050***	-0.040***	0.010**	-0.00030*	-0.040***		
		VC2	-0.030***	-0.060***	-0.100***	-0.060***	0.020**	-0.00050*	-0.060***		
		VC3	-0.020	-0.040	-0.080	-0.040	0.010	-0.00030	-0.040		
		VC4	-0.005	-0.020	-0.070	-0.020	0.001	-0.00004	-0.010		
		VC5	0.013	0.018	0.019	0.020	-0.006	0.00020	0.023		
		VC6	0.042	0.071	0.135	0.081	-0.020	0.00060	0.077		
		VC7	0.030	0.058	0.156	0.063	-0.013	0.00040	0.055		

资料来源：以上结果根据计量软件运算结果整理，其中 VC1 ~ VC7 本别表示有序离散型自变量职业选择能力的 7 种选择，即从未工作，目前无工作，目前务过农；目只务过农，目曾有过非农工作，目前无工作，目前务农，目曾有非农工作；目有非农工作，目在私有民营企业；从事非农工作，目在事业或集体和国有企业。***、**、* 分别表示在 1%、5%、10% 的显著水平上通过检验。

企或民营企业工作的可能性；相对于高中及以下教育而言，大专及以上教育对降低无工作和务农可能性的作用更大，且对提高非农工作可能性的作用更大，区别初中及高中教育的是会显著提高在事业或集体和国有企业工作的可能性。由此可知，初中及以上教育均会降低无工作和务农的可能性，而提高非农工作的可能性，受教育层次越高对降低无工作和务农可能性和提高非农工作可能性的作用越大，初中及高中教育会显著提高在私企或民营企业工作的可能性，而大专及以上教育会显著提高在事业或集体和国有企业工作的可能性。

②教育与农村居民职业技术能力。

本书就各阶段教育水平对农村居民职业技术能力的影响进行了估计。由于使用的是自主决定工作的程度来衡量职业技术能力，因此只选择了非农工作的样本。同时为确保回归结果的可靠性，本书对自变量进行了多重共线及异方差检验。结果显示，自变量的 VIF 均值为 1.55，且自变量的最大 VIF 为 1.91，说明自变量之间不存在多重共线问题；异方差检验 P 值为 0.4 大于 0.05，不存在异方差。同时在估计模型的选择上，采用有序因变量 Logit 和 Probit 模型进行估计，结果见表 5.15。

表 5.15　　　　　　　　教育对农村居民职业技术能力的影响

变量		有序因变量 Logit 模型		有序因变量 Probit 模型	
		系数	Z 统计量	系数	Z 统计量
解释变量	EDU1	0.011	0.090	0.0170	0.230
	EDU2	− 0.028	− 0.200	− 0.0020	− 0.030
	EDU3	− 0.040	− 0.270	− 0.0190	− 0.210
控制变量	DIS1	− 0.330	− 2.850	− 0.2100	− 3.020
	DIS2	0.160	1.280	0.0870	1.180
	AGE	0.003	0.650	0.0008	0.340
	SEX	0.040	0.470	0.0220	0.430
	ETH	− 0.050	− 0.260	− 0.0100	− 0.100
方程拟合度统计量	Pseudo R^2	0.006	0.006	0.0060	0.006
	LR	29.160	29.160	29.3900	29.390

数据来源：以上结果根据计量软件运算结果整理。

从以上结果可知，各教育阶段对农村居民职业技术能力的影响系数均不显著，职业技术能力在教育与农村居民增收之间是否起中介作用，还需要进行另外检验。

（3）教育、职业能力与农村居民增收。

①教育、职业选择能力与农民增收。

本书采用截面数据构建 GLM 模型实证研究教育、职业选择能力对农村居民增收的影响。为确保回归结果的可靠性，本书对自变量进行了多重共线及异方差检验。结果显示，自变量的 VIF 均值为 1.34，且自变量的最大 VIF 为 1.58，说明自变量之间不存在多重共线问题；异方差检验 P 值小于 0.05，存在异方差，因此为消除异方差，采用稳健性标准误进行估计（见表 5.16）。

表 5.16 教育、职业选择能力与农村居民增收

变量		系数	
		OLS	GLM
C		− 14 332 ***	− 14 332 ***
解释变量	VA2	5 156 ***	5 156 ***
	EDU1	2 955 ***	2 955 ***
	EDU2	4 978 ***	4 978 ***
	EDU3	13 970 ***	13 970 ***
控制变量	DIS1	8 043 ***	8 043 ***
	DIS2	3 069 ***	3 069 ***
	AGE	− 37	− 37
	SEX	10 041 ***	10 041 ***
	ETH	3 141 ***	3 141 ***
方程拟合度统计量	AIC	—	22
	对数似然比	—	− 40661
	F 统计量	0.2762	—

数据来源：以上结果根据计量软件运算结果整理；其中 ***、**、* 分别表示在 1%、5%、10% 的显著水平上通过检验。

由以上结果可知，古典线性模型与广义线性模型的回归系数基本一致，表明回归结果具有较强的稳定性。除年龄这一控制变量不显著外，其他变量

均在 1% 的显著水平上通过检验。教育因素的各分变量不管是在古典线性模型中还是广义线性模型中，都在 1% 的水平下显著影响农村居民收入，并对其具有差异性的正向影响，受教育程度越高，其对农村居民收入的正向影响越大，与方程（1）的结果相比，各级教育的正向影响程度均降低；职业选择能力变量不管是在古典线性模型中还是在广义线性模型中，也都在 1% 的显著水平下正向影响农村居民收入。

②教育、职业技术能力与农民增收。

本书采用截面数据构建 GLM 模型实证研究教育、职业技术能力对农村居民增收的影响。为确保回归结果的可靠性，本书对自变量进行了多重共线及异方差检验。结果显示，自变量的 VIF 均值为 1.49，且自变量的最大 VIF 为 1.45，说明自变量之间不存在多重共线问题；异方差检验 P 值小于 0.05，存在异方差，因此为消除异方差，采用稳健性标准误进行估计（见表 5.17）。

表 5.17　　　　　　　　　　教育、职业技术能力与农村居民增收

变量		系数	
		OLS	GLM
C		− 5 761	− 5 761
解释变量	VA1	4 704 ***	4 704 ***
	EDU1	5 129 ***	5 129 ***
	EDU2	9 035 ***	9 035 ***
	EDU3	23 169 ***	23 169 ***
控制变量	DIS1	13 173 ***	13 173 ***
	DIS2	1 875	1 875
	AGE	77	77
	SEX	12 795 ***	12 795 ***
	ETH	4 248	4 248
方程拟合度统计量	AIC	—	23
	对数似然比	—	− 20 811
	F 统计量	0.1543	—

数据来源：以上结果根据计量软件运算结果整理；其中 ***、**、* 分别表示在 1%、5%、10% 的显著水平上通过检验。

由表 5.17 可知，古典线性模型与广义线性模型的回归系数基本一致，表明回归结果具有较强的稳定性。除年龄、地区分变量 DIS2 及民族变量这三个控制变量不显著外，其他变量均在 1% 的显著水平下通过检验。教育因素的各分变量不管是在古典线性模型中还是在广义线性模型中，也都在 1% 的水平下显著影响农村居民收入，并对其具有差异性的正向影响，受教育程度越高，其对农村居民收入的正向影响越大，与方程（1）的结果相比，各级教育的正向影响程度均提高；职业技术能力变量不管是在古典线性模型中还是在广义线性模型中，也都在 1% 的显著水平下正向影响农村居民收入。

（4）职业能力中介作用的估算。

①职业选择能力的中介效应。

根据所有估计结果可知，模型（1）中各层级教育的影响系数 α_1、模型（2）中各层级教育的影响系数 β_1、模型（3）中职业选择能力的影响系数 γ_1 均显著，表明职业选择能力在教育影响农村居民收入增长中存在中介作用，由于模型（3）中各层级教育的影响系数 γ_2 也显著，表明职业选择能力在教育影响农村居民收入增长中存在部分中介作用（见表 5.18）。根据表 5.18 中计算的中介效应大小的结果可知，教育对农村居民收入增长有显著的影响，由教育水平提高引起的职业选择能力的提高可以促进农村居民收入的增长，职业选择能力在教育影响农村居民收入增长中发挥了显著的中介作用，且表现为教育层级越高，其中介作用越大。教育对农村居民收入增长既有直接影响，也通过职业选择能力的提高对收入增长产生间接影响，且表现为教育层级越高，教育通过职业选择能力的提高对收入产生的间接影响越大。从表 5.18 中计算的中介效应比重的结果可知，职业选择能力的中介作用与总效应的比重表现出教育层级的差异性，不管是在有序因变量 Logit 模型还是在 Probit 模型下，职业选择能力在高中阶段教育影响农村居民收入增长中的中介作用与总效应的比重最大，表明教育通过职业选择能力的提高对收入产生的间接影响在高中教育层次表现更为突出。

表 5.18　　　　　　　　　　　　　中介效应

指标			职业选择能力		职业技术能力	
			数值	显著性	数值	显著性
α_1		EDU1	4 730	显著	7 775	显著
		EDU2	7 976	显著	5 222	显著
		EDU3	19 291	显著	9 094	显著
β_1	Logit	EDU1	0.32	显著	0.011	不显著
		EDU2	0.67	显著	−0.028	不显著
		EDU3	1.62	显著	−0.04	不显著
	Probit	EDU1	0.22	显著	0.017	不显著
		EDU2	0.38	显著	−0.002	不显著
		EDU3	0.8	显著	−0.019	不显著
γ_1			5 656	显著	4704	显著
γ_2		EDU1	2 955	显著	5 129	显著
		EDU2	4 978	显著	9 035	显著
		EDU3	13 970	显著	23 169	显著
中介效应 $\beta_1 \cdot \gamma_1$	Logit	EDU1	1 810	无		
		EDU2	3 790	无		
		EDU3	9 163	无		
	Probit	EDU1	1 244	无		
		EDU2	2 149	无		
		EDU3	4 525	无		
总效应 $\beta_1 \cdot \gamma_1 + \gamma_2$	Logit	EDU1	4 765	无		
		EDU2	8 768	无		
		EDU3	23 133	无		
	Probit	EDU1	4 199	无		
		EDU2	7 127	无		
		EDU3	18 495	无		
中介效应占总效应的比重 $\beta_1 \cdot \gamma_1 / (\beta_1 \cdot \gamma_1 + \gamma_2)$	Logit	EDU1	0.380	无		
		EDU2	0.432	无		
		EDU3	0.396	无		
	Probit	EDU1	0.296	无		
		EDU2	0.302	无		
		EDU3	0.245	无		

数据来源：以上数据根据计量软件运算结果整理。

②职业技术能力的中介效应。

根据所有估计结果可知，模型（1）中各层级教育的影响系数 α_1 显著，模型（2）中各层级教育的影响系数 β_1 不显著，模型（3）中职业选择能力的影响系数 γ_1 显著，根据温忠麟和叶宝娟（2014）提出的中介效应检验程序，要判断职业技术能力在教育影响收入增长中的中介作用还需要进行 Sobel 检验，检验结果见表 5.19。

表 5.19 Sobel 检验结果

指标	EDU1		EDU2		EDU3	
	系数	Z 统计量	系数	Z 统计量	系数	Z 统计量
Sobel	55.180	0.2448	−1.3670	−0.0051	19.330	0.063
Goodman−1（Aroian）	55.180	0.2418	−1.3670	−0.0051	19.330	0.032
Goodman−2	55.180	0.2479	−1.3670	−0.0052	19.330	0.063
a coefficient	0.011	0.2449	−0.0003	−0.0051	0.004	0.063
b coefficient	4831.000	6.3118	4820.0000	6.2900	4810.000	6.400
Indirect effect	55.180	0.2448	−1.3670	−0.0051	19.330	0.063
Direct effect	−3776.000	−2.5140	1710.0000	0.9580	17406.000	8.575
Total effect	−3721.000	−2.4510	1709.0000	0.9470	17425.000	8.490
Proportion of total effect that is mediated	−0.015		−0.0008		0.0011	
Ratio of indirect to direct effect	−0.146		−0.0008		0.0011	
Ratio of total to direct effect	0.985		0.9990		1.0010	

数据来源：以上数据根据计量软件运算结果整理。

根据以上检验结果可知，Sobel 检验结果均不显著，接受原假设，表明职业技术能力在各层级教育影响农村居民增收的过程中不具有中介作用。

5.3.4　结论与启示

农村居民职业在农业及非农业之间及内部不断分化的背景下，收入总量及结构也随之发生了较大的变化，教育作为人力资本重要的因素，其对农村居民收入的变化有重要影响，弄清教育对农村居民收入变化影响的路径是厘清教育与农村居民收入关系的核心。职业能力是职业分化的内在影响因素，也是影响农村居民收入变化的直接变量，其是否是教育影响农村居民收入变化的重要中介变量？中介效应如何？教育是通过职业选择能力还是职业技术能力影响农村居民收入变化？本书通过中介效应模型，利用 CGSS2015 的数据，对这一系列问题进行了研究，结论具体如下：

第一，教育水平的提高对农村居民收入水平的提高具有显著的影响。受教育水平的提高会显著促进农村居民收入水平的提高，且受教育层次越高，其对农村居民收入水平提高的作用越明显，同时教育对非农收入提高的促进作用显著大于农业收入。

第二，由教育引起的职业选择能力提升对农村居民收入增长有显著影响。职业选择能力的提升在教育影响农村居民收入的过程中起到了显著的中介作用，但职业技术能力在教育影响农村居民收入的过程中未起到显著的中介作用。

第三，教育对农村居民收入增长除有显著的直接影响外，通过职业选择能力的提升对农村居民收入增长的间接影响也较大。

以上结论为通过教育提升促进农村居民收入增长提供了实证方面的支持。农村居民教育水平的提升通过提高其职业选择能力促进收入的增长，初中及以上教育均会降低无工作和务农的可能性，初中及高中教育会显著提高在私企或民营企业工作的可能性，而大专及以上教育会显著提高在事业或集体和国有企业工作的可能性，因此可以通过提升农村居民受教育层次，尤其是高中及以上受教育层次，来提高其职业选择能力，促进农村劳动力的自由流动，进入更优的劳动力市场。同时，从以上结果可知，教育层次的提高并未显著提高农村居民职业技术能力，一方面由于农村居民总体受教育层次较低，造成其并未表现显著的职业技术提升效益；另一方面说明农村居民所受教育的职业技术提升导向性较弱，教育市场与产业结构、劳动力市场结构的契合度较低。因此在大力提高农村居民教育供给和可得水平以提升农村居民受教育水平增强职业选择能力的同时，也应该结合产业及劳动力市场结构，优化农村居民教育的供给结构，使农村市场教育的供给结构更好地与劳动力市场结构及产业结构动态契合，才能从根本上提升教育对农村居民增收的促进作用。

第6章

农民增收的教育支持系统构建

6.1 基于政府的视角

6.1.1 政府教育支持的现状

农村教育是我国教育发展的重要部分，为了推进农村教育的发展，政府实施了一系列支持性政策。建立了义务教育经费保障机制，以保障全国城乡适龄儿童与少年都能享受免费义务教育；建立寄宿制学校，以对农村儿童尤其是对留守儿童提供学习支持；建立城乡教师双向交流机制，鼓励城市优秀教师定期到农村中小学任教；实施"国家贫困地区义务教育工程""大中城市学校对口支援本地贫困地区学校工程""东部地区学校对口支援西部贫困地区学校工程""中西部地区农村教师特色岗位行动计划"等，这一系列政策的实施对农村教育的发展产生了积极的效果，保障了农村义务教育阶段学生的受教育权益，在一定程度上改善了农村中小学的办学条件，使农村教师队伍结构趋于优化，促进了城乡义务教育均衡发展。

但政府对农村教育支持性政策产生积极效果的同时，仍然存在一定的不足：一是政府支持性政策的地区性差距，主要表现为东部地区政府财政支持力度显著大于中部和西部地区，尤其是对农村高中阶段的财政支持地区差距更为显著。从政府对农村地区生均教育经费的平均支出比较来看，东部地区人均支出 17 284 元，比中部地区的 10 063 元高 7 220 元，比西部地区的 12 668 元高 4 615 元；从政府对农村地区幼儿园生均教育经费的平均支出比较来看，东部地区人均支出 10 318 元，比中部地区的 4 948 元高 5 370 元，比西部地区的 7 422 元高 2 896 元；从政府对农村地区小学生均教育经费的平均支出比较来看，东部地区人均支出 14 517 元，比中部地区的 10 317 元高 4 200 元，比西部地区的 13 581 元高 936 元；从政府对农村地区初中生均教育经费的平均支出比较来看，东部地区人均支出 22 510 元，比中部地区的 13 682 元高 8 828 元，比西部地区的 13 682 元高 7 362 元；从政府对农村地区高中生均教育经费的平均支出比较来看，东部地区人均支出 21 790 元，比中部地区的 11 306 元高 10 484 元，比西部地区的 14 522 元高 7 268 元。二是政府支持性政策的城乡差距，主要表现为政府对城市幼儿园及高中非义务教育阶段的支持力度显著大于农村，东部地区尤其突出。从生均教育经费平均支出的城乡比较来看，城镇地区人均 16 100 元，比农村地区的 13 338 元高 2 761 元；从幼儿园生均教育经费平均支出的城乡比较来看，城镇地区人均支出 11 520 元，比农村地区的 7 562 元高 3 957 元；从小学生均教育经费平均支出的城乡比较来看，城镇地区人均支出 12 832 元，比农村地区的 12 805 元高 26 元；从初中生均教育经费平均支出的城乡比较来看，城镇地区人均支出 18 686 元，比农村地区的 17 113 元高 1 572 元；从高中均教育经费平均支出的城乡比较来看，城镇地区人均支出 21 362 元，比农村地区的 15 872 元高 5 489 元。三是政府支持性政策的教育阶段性差距，主要表现为学前教育阶段政府投入不足，尤其是中西部地区学前教育阶段投入不足尤为突出。从各阶段教育生均教育经费平均支出的比较来看，学前教育人均支出 7 562 元，比小学阶段的 12 805 元低 5 243 元，比初中阶段的 17 113 元低 9 551 元，比高中阶段的 15 872 元低 5 776 元（见表 6.1）。

表 6.1			2015 年生均教育经费支出				（元/人）
省份	地方农村幼儿园	地方农村小学	地方农村初中	地方农村高中	地方幼儿园	地方普通小学	地方普通中学	地方普通高中
北京	26 337	35 769	70 328	58 620	33 615	33 559	61 354	64 720
天津	9 157	14 283	22 756	24 413	17 339	19 134	33 801	37 925
河北	4 222	7 643	10 467	11 550	4 852	7 668	11 526	13 051
辽宁	3 824	11 486	13 388	9 695	7 869	11 143	14 739	13 728

续表

省份	地方农村幼儿园	地方农村小学	地方农村初中	地方农村高中	地方幼儿园	地方普通小学	地方普通中学	地方普通高中
上海	23 225	20 793	30 460	39 132	26 185	25 467	42 063	53 985
江苏	6 184	13 096	21 916	20 771	8 428	14 119	23 714	25 332
浙江	11 366	13 563	18 786	21 331	13 471	13 787	21 892	25 893
福建	6 314	10 791	15 907	14 324	8 041	10 715	15 992	15 841
海南	14 150	14 054	17 449	17 482	15 651	12 698	16 907	17 648
广东	4 054	9 883	11 615	11 584	6 779	11 004	14 862	15 767
山东	4 661	8 327	14 536	10 782	5 806	9 054	14 995	14 849
吉林	6 721	14 646	19 585	14 035	9 037	13 792	16 283	13 561
黑龙江	7 334	16 052	16 143	11 760	9 061	14 347	15 175	13 630
山西	4 120	11 698	13 137	11 595	5 031	10 529	12 734	12 340
安徽	4 312	9 437	13 743	11 724	5 414	9 491	13 454	12 986
江西	5 036	8 367	10 752	11 276	5 919	8 338	11 690	13 053
河南	2 533	5 759	9 257	7 808	3 665	5 903	9 424	8 813
湖北	5 204	9 187	15 305	11 567	6 794	9 332	14 922	14 291
湖南	4 322	7 393	11 537	10 680	5 284	7 996	12 263	12 455
内蒙古	13 107	20 628	19 861	16 698	14 788	17 077	18 571	17 880
广西	3 014	7 866	9 255	9 470	4 195	7 998	10 654	11 925
重庆	4 446	11 748	13 756	12 874	5 629	12 095	14 840	14 652
四川	4 754	10 274	13 095	11 150	5 780	10 210	12 871	12 218
贵州	4 034	9 228	9 065	10 562	4 873	9 373	10 163	11 246
云南	4 032	10 113	10 865	11 658	5 434	10 010	11 947	12 660
西藏	19 593	27 598	25 491	31 682	23 932	28 006	30 979	35 435
陕西	7 771	12 947	15 825	12 768	8 796	11 938	14 443	13 434
甘肃	7 211	11 747	11 968	9 660	7 755	11 282	11 480	10 880
青海	9 576	15 847	19 619	20 236	9 957	15 293	19 436	19 704
宁夏	5 760	10 989	14 626	11 214	8 541	11 106	15 034	14 887
新疆	5 760	13 987	18 350	16 293	6 994	13 826	18 494	17 700

数据来源：《2016 年教育经费统计年鉴》。

6.1.2 政府教育支持的行为动机

政府作为社会公共利益的代表，服务于特定的公共利益，其行为动机主要是提供公共服务以满足社会全体公民或大多数人的需要。在不同的社会经济发展阶段，政府的公共职能和社会的公共需要具有不同的内涵与外延，从而政府对农村教育供给的行为动机也表现出一定的差异性。在计划经济体制下，政府被赋予广泛、全面参与组织和管理整个社会经济活动的经济职能，因此其对农村教育的供给行为动机主要是为了满足农村全体居民对教育的需要。政府对农村教育的供给，是为了有计划地开发和利用农村人力资源，尤其是对具有一定知识和技能的农村劳动力资源的开发和利用。但在市场经济体制下，政府作为市场的补充者和校正者，因此其对农村教育的供给行为动机主要是满足农村全体居民对教育的公共需求，同时最大限度弥补和消除市场供给可能产生的不足与不均衡。具体来看，政府对农村教育供给的行为动机主要表现为以下几个方面：

（1）作为社会公共利益的代表，满足社会对农村教育的公共需要。教育是一种典型的准公共产品，具有很大的正外部效应，其所带来的巨大社会效益远远高于私人收益，依靠市场供给会因市场主体追求私人利益或个别利益而忽视巨大的社会利益，因此教育一般只能作为一种公共利益或公共需要由代表公共利益的政府来满足和实现。农村教育在农民增收、农村发展，乃至社会发展都具有基础性、先导性及全局性的重要作用，满足社会尤其是农村社会对农村教育的公共需要，就成为政府对农村教育进行供给的主要行为动机。

（2）作为社会公平的维护者，实现农村教育机会的均等。人力资本理论认为，教育能够提高劳动力的知识与技能，从而提高劳动者获取收入的能力。因此，教育不仅能推动国民经济增长，而且能促进劳动者收入的增加。由于受个体才能、禀赋差异等因素的制约，并非所有人都能通过自身努力而获得教育所带来的种种经济收益。在市场经济条件下，处于社会底层家庭的子女很可能因其有限的经济、社会资源不足而得不到应有的教育或培训，而无法获得教育所带来的各种收益和满足。要实现教育机会均等，单纯依靠市场的力量行不通，必须由政府承担保障每个人都能享有平等接受教育的机会，需要由政府提供一定的免费教育产品，或者对个人提供相应的教育投入补助，以消除因个人家庭收入过低而使正常接受教育受到制约和限制，让那些低收入家庭的子女也能平等地接受教育。

（3）弥补个人家庭、企业对农村教育的供给不足。在市场经济体制下，应充分发挥企业和个人对农村教育供给的积极作用，但企业和个人的教育供给存在着两方面的不足：一是由于企业和个人的教育投入受其收入的约束，因而企业和个人对农村教育的投入有限，政府应当充分发挥农村教育投入主渠道的作用，以弥补企业和个人对教育投入的不足；二是由于企业和个人的教育投入具有"自发性"，容易受到干扰或影响，即使企业和个人有较强的教育供给能力，也可能出现一定的供给不足或短缺，从而影响到整个教育的正常发展，为弥补企业和个人对教育投入的不足，保证教育的均衡发展，政府作为整个社会经济活动的最后调节者，有必要对农村教育进行补充性投入。

由上述分析可知，在市场经济条件下，政府农村教育供给的行为动机主要是为了满足社会尤其是农村社会对教育的"公共需要"，是为了实现教育机会均等以及弥补企业和个人农村教育供给的不足。

6.1.3 政府教育支持政策优化

（1）为巩固和提高农村教育水平提供更有力的资金和政策支持。一方面要加大对农村地区，尤其贫困地区各级教育的财政投入力度，建立系统的农村教育发展的经费保障机制，缩小城乡、地区间以及其他群体间的教育投入差距，在提升农村教育投入水平的基础上，实现农村各群体间的均衡发展；另一方面要从政策上为农村教育质量的提高提供保障，缩小地区间及城乡间教育质量的差距，在增强城市带动农村教育质量提高的同时，也要为农村地区培养优质师资及管理者建立长效机制，以保证农村教育质量的可持续提升，促进城乡教育发展的质量均衡。

（2）为农村非义务教育的发展提供有力的资金和政策支持。农村非义务教育的发展是农村教育水平进一步提升的关键，是影响农村居民收入增长的重要教育环节。一方面应该大力支持学前教育的发展，在提高农村学前教育普及率的程度上，从师资和硬件设施上保障农村学前教育的质量，尤其是要重点支持贫困地区学前教育的发展；另一方面应加强对农村职业教育发展的支持，为农村居民提供符合市场需求的正规以及非正规的职业教育产品，同时也要为农村居民能够获得这样的产品提供政策保障。

（3）营造支持农村教育发展的社会环境，形成支持农村教育发展的长效机制。支持农村教育发展是促进农民增收，推动农村发展的重要举措。营造优惠的政策环境，提高其他社会主体对农村教育投入的热情；营造公平的竞争环境，提高其他社会主体办学的发展能力；营造有序的发展环境，促进对其他社会主体办学的有序发展，同时进一步加强农村教育发展的制度建设，形成支持农村教育发展的长效机制，促进农村教育发展的健康推进。

6.2　基于家庭的视角

6.2.1　家庭教育支持的现状

家庭教育的支持是整个农村教育支持系统中的重要组成部分，是非义务教育获得，以及优质教育资本形成的内在决定条件。随着农村社会的发展，收入水平的提高，教育思想的开放，家庭教育支持的意愿逐步增强，支出水平也逐步提高。农村居民人均教育支出从 2002 年的 902 元提高到 2017 年的 2 847元，农村居民人均教育支出占消费支出的比重从 2002～2017 年经历了先下降后上升的过程，表明农村居民教育的相对消费地位在不断提高，农村居民对教育的重视程度呈现加强的趋势。但从城乡农村居民家庭教育支持对比的角度来看，农村居民人均教育支出远远低于城镇居民，两者之间的绝对支出差距从 2002 年的 692 元不断扩大到 2017 年的 1 675 元；两者之间的相对支出差距也呈扩大趋势，城乡之间人均教育支出占消费支出比重的差距从 2002 年至今经历了先升后降再升的过程，至 2015 年开始，尽管城乡家庭教育支出都在不断增加，但农村家庭教育支出的增长速度远远低于城镇，使两者之间的差距又开始逐步扩大（见表 6.2）。

表 6.2   2002～2017 年农村居民家庭教育支出情况

年份	农村居民人均消费支出（元/人）	城镇居民人均消费支出（元/人）	农村居民人均教育支出（元/人）	城镇居民人均教育支出（元/人）	农村居民人均教育支出占消费支出的比重（%）	城镇居民人均教育支出占消费支出的比重（%）
2002	1 468	6 030	210	902	14.33	14.96
2003	1 943	6 511	236	934	12.13	14.35
2004	1 754	7 182	248	1 033	14.11	14.38
2005	2 135	7 943	295	1 097	13.84	13.82
2006	2 415	8 697	305	1 203	12.63	13.83
2007	2 767	9 997	306	1 329	11.05	13.29
2008	3 661	11 243	315	1 358	8.59	12.08
2009	3 993	12 265	341	1 473	8.53	12.01
2010	4 382	13 471	367	1 628	8.37	12.08
2011	5 221	15 161	396	1 852	7.59	12.21
2012	5 908	16 674	446	2 034	7.54	12.20
2013	7 485	18 488	755	1 988	10.08	10.75
2014	8 383	19 968	860	2 142	10.25	10.73
2015	9 223	21 392	969	2 383	10.51	11.14
2016	10 130	23 079	1 070	2 638	10.57	11.43
2017	10 955	24 445	1 171	2 847	10.69	11.64

数据来源：历年《中国统计年鉴》。

从农村家庭教育支持的地区差异来看，农村家庭教育支持的地区差异较为显著。农村家庭教育绝对支出呈东部和中部地区高、西部地区低的特征，东部地区农村家庭教育绝对支出与中部地区较为接近，但与西部地区仍有较大差距，2017 年西部地区农村居民人均教育支出为 1 020 元，比东部地区的 1 266 元低 246 元，比中部地区的 1 243 元低 223 元。农村家庭教育相对支出呈东部低、中部高、西部居中的特征，2017 年东部地区农村家庭人均教育支出占消费支出的比重为 9.32%，比中部地区的 12.04% 低 2.74 个百分点，比西部地区的 10.72% 低 1.4 个百分点。农村与城镇家庭教育支出的差距也呈现较为显著的地区差异性，其地区差异性表现为东部地区城乡家庭教育支出差距显著于中部和西部地区，东部地区城乡家庭人均教育支出绝对差距为 1 946 元，比中部地区的 1 323 元高 623 元，比西部地区的 1 349 元高 597 元，东部地区家庭人均教育支出占消费支出比重的城乡差距为 1.76 个百分点，比中部地区的 0.59% 高 1.17 个百分点，比西部地区的 1.23% 高 1.23 个百分点（见表 6.3）。

表 6.3 2017 年农村居民家庭教育支出地区差异

省份	农村居民人均消费支出（元/人）	农村居民人均教育支出（元/人）	城镇居民人均消费支出（元/人）	城镇居民人均教育支出（元/人）	农村居民人均教育支出占消费支出的比重(%)	城镇居民人均教育支出占消费支出的比重(%)
北京	18 811	1 314	40 346	4 325	6.98	10.72
天津	16 386	1 343	30 284	2 979	8.20	9.84
河北	10 536	1 014	20 600	2 173	9.63	10.55
辽宁	10 787	1 295	25 379	3 164	12.00	12.47
上海	18 090	1 220	42 304	5 087	6.74	12.03
江苏	15 612	1 451	27 726	3 451	9.29	12.44
浙江	18 093	1 591	31 924	3 521	8.79	11.03
福建	14 003	1 175	25 981	2 484	8.39	9.56
广东	13 200	1 186	30 198	3 284	8.99	10.88
海南	9 599	1 197	20 372	2 236	12.47	10.98
山东	10 342	1 141	23 072	2 623	11.03	11.37
山西	8 424	1 127	18 404	2 559	13.38	13.91
吉林	10 279	1 303	20 051	2 445	12.67	12.20
黑龙江	10 524	1 362	19 270	2 290	12.94	11.88
安徽	11 106	1 075	20 740	2 372	9.68	11.44
江西	9 870	1 004	19 245	2 235	10.17	11.62
河南	9 212	1 030	19 422	2 227	11.18	11.47
湖北	11 633	1 331	21 276	2 421	11.44	11.38
湖南	11 534	1 710	23 163	3 973	14.83	17.15

续表

省份	农村居民人均消费支出（元/人）	农村居民人均教育支出（元/人）	城镇居民人均消费支出（元/人）	城镇居民人均教育支出（元/人）	农村居民人均教育支出占消费支出的比重（%）	城镇居民人均教育支出占消费支出的比重（%）
内蒙古	12 184	1 639	23 638	2 637	13.45	11.15
广西	9 437	1 128	18 349	2 152	11.95	11.73
重庆	10 936	1 226	22 759	2 529	11.21	11.11
四川	11 397	848	21 991	2 222	7.44	10.10
贵州	8 299	1 183	20 348	2 731	14.26	13.42
云南	8 027	1 044	19 560	2 363	13.01	12.08
西藏	6 692	239	21 088	1 044	3.57	4.95
陕西	9 306	1 083	20 388	2 618	11.64	12.84
甘肃	8 030	994	20 659	2 342	12.38	11.34
青海	9 903	897	21 473	2 528	9.06	11.77
宁夏	9 982	1 212	20 220	2 630	12.15	13.01
新疆	8 713	748	22 797	2 630	8.58	11.53

数据来源：《2018 年中国统计年鉴》。

农村家庭教育支持力度不足，尤其是西部农村家庭教育支持不足更为显著。其原因在于，收入条件是制约农村家庭教育支持力度的重要因素，决定了家庭的教育负担能力，收入较高家庭，其教育的负担能力更强，而收入相对较低家庭，教育的负担能力较弱。但在短期收入条件无法改善的情况下，对子女受教育的期望及教育投资风险是决定家庭教育投入更为重要的因素。

6.2.2　家庭教育支持的行为动机

家庭对教育的投入，作为家庭投入活动的重要组成部分，是家庭行为主体在一定的经济、社会、文化、政策环境约束下谋求家庭利益的最大化行为，与其他家庭投资活动相比，其目的和行为动机具有较大的差异，家庭教育投资的行为动机主要有以下几方面：

一是谋生动机与保险动机。家庭投资行为主体希望通过教育投资使家庭成员谋得较好的工作，获得较高的预期收入，获得接受更高教育的机会，以及完成学业后选择职业的机会，增加就业保障和其工作安全性，提高生活质量等。同时，随着社会的快速发展与变化，各行业对知识、技能的要求越来越高，且变化越来越快，为应对不可预测环境变化的冲击，必须具备越来越强的知识技术能力，因此必须通过教育投资做到有备无患，为生计持续提供有力的保障。随着城乡一体化进程的推进及产业结构的升级，不管是投身农业还是非农产业都将需要一定的知识技术能力，且对这种能力的要求越来越高，满足持续生计成为农村居民教育投入的重要动机之一。

二是荣耀动机与提升动机。通过教育投资在学业上取得显著的成绩，以满足家庭长辈的自尊心和虚荣心。同时可以通过教育投资提升家庭成员的社会经济地位，实现阶层的向上流动。农村地区作为经济、文化等条件相对薄弱地区，在教育、医疗、养老等公共资源条件方面比较落后，农村居民大多处在社会的中下阶层，为实现社会阶层的向上流动，以改变所处社会地位的经济、文化等背景的固化，教育投资是一种有效的途径，具有良性的代际循环效应，满足提升动机越来越成为农村居民教育投资的重要动机。

不同的个体及家庭的教育投资动机显著不同，有的家庭主要受谋生动机的驱使，有的家庭主要受荣耀动机的驱使，有的家庭是为获得提升的资格，但无论对哪个家庭或个体而言，进行教育投资的动机都不是单一和固定不变的，一个家庭进行教育投资往往要受到多个动机的驱使。在家庭经济发展的不同时期会有不同的动机，但促使动机产生的条件却是相同的，包括内在条件和外在条件两个方面。内在条件即家庭投资的内在要求，是家庭教育投资动机产生的根源和基础。谋生动机与生理需要有关，保险动机与安全需要有关，荣耀动机与尊重需要有关，成就动机和提升动机与自我实现需要有关，在低层需要未满足之前，教育投资的动机通常以谋生和安全为主体，在高层级的需要出现之后，荣耀动机、成就动机就相应而产生。外在条件是促成动机产生的外部因素。对家庭而言，教育投资动机产生的外部因素有两个：一是投资环境，二是投资能力。教育体制、就业制度、周围的文化环境等是影响家庭教育投资行为动机形成的因素。投资能力也是投资动机产生的重要条件，家庭教育投资受家庭经济条件的约束。

6.2.3　家庭教育支持的激励

（1）增强农村居民的教育投资能力，降低家庭教育支持的约束。一是从政策上加强对农业的保护和扶持，促进农业、农村的发展，为农村居民教育投资能力的提升提供有力的政策支持；二是建立健全市场信息系统，建立健全的交通、物流、通信、就业信息系统为农村居民教育投资能力的提升创造有力的外部环境。

（2）进行家庭教育投资的制度创新，实现教育融资渠道的多元化，提高农村居民教育的支付能力。建立多元的教育投资的融资环境，使农村居民的教育需求能够得以充分实现，特别是高等教育阶段，教育获得成本较高，在家庭收入有限的情况下，多元化的教育投资的融资渠道可以最大激发农村居民的教育需求并得以充分实现。

（3）建立统一、开放的劳动力市场环境，提升教育的就业促进作用、阶层向上流动作用。劳动力市场的分割削弱了农村居民对教育的期望，降低了教育对农村居民就业的促进作用，弱化了教育对农村居民而言非常重要的阶层向上流动的作用，建立统一开放的劳动力市场环境，提升教育的就业促进作业，有利于增强农村居民教育投资的动机及意愿。

（4）建立公平的教育环境，保障农村居民公平的享受优质的教育资源。城乡差异化的教育资源环境不仅能会扩大城乡居民受教育程度的差异，也会弱化农村居民教育投资的意愿，导致差距越来越大，并形成代际传递的恶性循环，建立城乡公平的教育资源的供给制度，提高农村居民教育供给水平的同时保障教育供给的质量，逐步缩小城乡居民教育供给的数量和质量差距，有利于增强农村居民教育投资的积极性。

6.3 基于民间组织的视角

6.3.1 民间组织教育支持现状

民间组织的教育支持是整个农村教育支持系统中不可缺少的重要组成部分，是推动农村教育发展的重要主体。随着农村社会的发展，收入水平的提高，教育重视程度的加强，农村居民对教育产品需求的数量和质量不断提升，使得民间组织补充性的教育投入对农村居民受教育水平的提升具有重要的意义。由于农村居民收入约束的限制，企业性质的民间组织在农村进行教育投入的经济利益有限，导致农村地区民间组织企业性的教育投资规模较小，2015 年企业性质的教育投资每百人平均投资额仅为 193 元，且主要集中在幼儿园、小学及中学阶段，幼儿园每百人平均投资额为 288 元，小学为 246 元，初中为 314 元，高中为 90 元，职业高中仅为 24 元。农村地区民间组织企业性的教育投资规模还存在较大的地区差异，表现为东部地区投资规模最大，其次是中部地区，西部地区最小，东部地区企业性质的教育投资每百人平均投资额为 250 元，比中部地区的 178 元高 72 元，比西部地区的 148 元高 102 元。

由于目前我国社会对教育捐赠还缺乏足够的认识，农村地区教育捐赠规模较小。2015 年农村地区教育捐赠每百人平均捐赠额仅为 53 元，且主要集中在小学、初中及高中阶段，幼儿园每百人平均投资额为 17 元，小学为 80 元，初中为 87 元，高中为 68 元，职业高中仅为 12 元。农村地区捐赠性的教育投资规模地区差异相对较小，表现为东部地区投资规模最大，其次是西部地区，中部地区最小，东部地区捐赠性质的教育投资每百人平均投资额为 66 元，比中部地区的 26 元高 40 元，比西部地区的 57 元高 9 元（见表 6.4）。长期以来，社会对慈善事业的认识还处于感性和传统的层面，认为慈善事业是政府的责任和义务，捐赠是富人的行为，与普通老百姓无关；同时，一些不规范的募捐活动使公众在思想上容易出现"道德疲倦"，参与捐赠的积极性普遍不高，某些机构利用人们的同情心谋取私利在媒体上频繁曝光，致使公众对慈善捐赠日益谨慎。因而，慈善意识尚未成为我国主流的社会意识，教育捐赠停留在较低的水平，对农村教育的支持不足。

表 6.4　　　　　　　　　2015 年民间组织教育经费投入　　　　　　　（元/百人）

省份	农村初中		农村高中		农村小学		农村幼儿园		农村职业高中	
	企业	捐赠	企业	捐赠	企业	捐赠	企业	捐赠	企业	捐赠
北京	31.64	690.00	3.52	229.69	56.31	79.01	353.72	5.56	146.76	1.37
天津	0.00	10.00	0.00	13.35	0.00	103.94	1.86	7.51	0.00	0.00
河北	92.15	28.05	17.55	26.90	238.55	32.38	129.00	2.40	14.08	0.81
辽宁	0.96	1.06	2.27	0.00	15.37	3.09	26.97	0.79	6.21	0.00
上海	1 032.47	1.07	0.00	0.00	106.39	5.28	49.16	10.07	0.00	0.00
广东	962.35	126.73	200.96	86.38	1126.22	168.27	445.27	7.60	0.00	1.36
江苏	126.57	11.04	96.61	82.23	76.48	24.31	243.72	22.80	0.00	0.00
浙江	1 864.08	170.00	628.76	198.75	1 281.09	181.30	1 270.11	29.73	34.37	4.46
福建	103.18	257.01	19.50	140.59	30.52	339.71	688.08	67.72	0.00	0.00
山东	221.10	22.22	124.19	9.22	527.59	32.68	115.48	6.65	2.37	0.12
海南	50.66	329.49	12.47	71.71	624.84	21.61	557.29	0.98	25.87	0.00
安徽	181.64	26.86	139.91	73.93	210.78	39.23	312.61	1.32	215.39	3.00
吉林	4.33	25.45	10.24	23.89	31.53	16.18	112.66	1.50	7.36	1.44
黑龙江	93.63	0.32	27.12	0.58	29.13	1.12	32.15	0.14	0.00	0.00
山西	128.35	6.83	78.43	44.14	144.96	17.49	129.77	3.73	16.86	0.10
江西	67.46	107.05	33.99	39.09	67.94	134.72	135.97	10.18	11.52	1.37
河南	790.96	5.18	543.16	43.21	657.74	6.34	279.61	0.83	29.33	0.30
湖北	135.35	43.90	47.36	17.04	174.76	37.52	112.16	10.00	0.00	2.93
湖南	859.74	90.10	185.39	83.70	701.97	91.14	401.86	33.06	9.43	4.01
广西	76.89	43.51	41.28	98.21	66.16	60.84	303.77	0.78	0.00	0.00
内蒙古	9.72	24.93	33.08	37.08	6.67	38.44	601.75	3.55	10.99	0.00
重庆	1 385.51	33.01	5.13	33.12	602.16	72.93	265.98	79.69	32.34	20.40
四川	731.54	149.53	126.08	185.30	598.21	317.48	906.53	57.60	22.24	0.03
贵州	710.57	18.57	315.95	48.00	127.77	58.99	349.79	9.70	21.91	5.16
云南	4.62	70.47	44.25	108.81	55.37	83.58	499.49	17.67	7.94	5.62
西藏	14.23	61.11	0.00	0.00	14.23	170.51	44.27	68.38	0.00	0.00
陕西	37.77	24.81	30.68	4.79	45.97	36.52	251.89	3.83	34.44	0.00

省份	农村初中		农村高中		农村小学		农村幼儿园		农村职业高中	
	企业	捐赠	企业	捐赠	企业	捐赠	企业	捐赠	企业	捐赠
甘肃	11.62	5.53	7.58	106.37	15.47	102.74	90.28	3.47	8.94	2.62
青海	5.14	187.43	0.00	22.40	3.42	67.81	32.84	5.41	88.49	0.00
宁夏	0.00	99.53	0.00	88.56	0.00	92.98	118.29	5.48	0.00	77.36
新疆	0.09	20.67	0.00	192.71	1.32	52.96	80.07	34.81	0.00	241.60

数据来源：《2016 年教育经费统计年鉴》。

6.3.2　民间组织教育支持的行为动机

民间教育组织也是农村教育供给的主体之一。一方面，作为自主经营，自负盈亏，独立核算的经济主体，其所追求的利益目标决定了教育投入的动机与个人及政府教育投入有较大的差别。作为独立的追求利益的社会经济活动主体，没有义务也不会自觉地满足公共利益或公共需要，其不是教育的直接受益者，不会像受教育者一样，为自己的全面发展创造条件。在市场经济环境下，企业性质的民间组织教育投资行为的根本目的就是为了使资本增值，获取最大经济利益。教育投资作为企业投资的一个重要形式，同样遵循利益最大化的基本准则。因此，根据市场经济中利益最大化的基本准则，企业性质的民间组织对农村教育的投入，至少应符合以下两个基本条件：一是企业农村教育投资的预期收益应不低于其投资成本；二是企业农村教育投资的预期收益率应等于或不低于企业对其他项目投资的收益率。以上两个条件是决定企业对农村教育投资的基本准则，在利益最大化目标的约束下，只有能为企业带来较高收益的教育投资才会被企业所采纳和实施。因此企业性质的民间组织对农村教育投入的动机主要是获取投资收益。另一方面，作为公益性的民间组织，其追求的目标是社会服务性和非经济性的利益，决定了其教育投资的动机是追求精神享受或心理满足。无论出于何种动机，国家和社会都应予以合理的引导与支持，以充分拓展农村教育投入的来源渠道。

6.3.3　民间组织教育支持的激励

民间教育投入是农村教育投入的重要组成部分，可以对政府主导的农村教育投入形成有益的补充，更好地满足农村居民多层次、多样化的需求。因此加大对民间教育投入的支持、服务和管理力度，为民间教育的发展营造良好的环境，对增加农村教育投入、促进农村教育发展有着积极的意义：

（1）营造优惠的政策环境。贯彻落实有关民间组织教育投入的各项减免政策，提高民间组织对农村教育投入的热情，最大限度地发挥民间组织投入资金的使用效益。落实对捐资助学的税收优惠政策，并对民间组织向农村教育的捐赠，按照国家有关规定，在应纳税所得额中全额扣除。

（2）营造公平的竞争环境。根据公平、公正、竞争的原则，应全面废除和修改各种歧视、阻碍民办教育发展的政策和规定，构建民办学校与公立学校一致的政策体系和管理平台。教育职能部门还应在教学用地、师资配备、招生、教科研等方面给予民办学校实际的支持，提高学校的竞争和发展能力。

（3）营造有序的发展环境。加强对民办教育的管理与引导，促进民办教育的有序发展。规范教育准入制度，引导社会资金有序进入农村教育领域，严格审批新办的民办学校，并纳入相应的管理渠道。强化对学校办学行为的引导和监督，一方面加强学校招生宣传的管理和学校财务的监督，另一方面加强民办学校办学方向的引导，促进民办学校依法办学，规范办学。

（4）培育良好的民间教育投入意识氛围。农村教育发展是关系到农村发展，社会进步的重要环节，对农村教育的支持是推动社会进步与发展的具有重大意义，是关系每个人切身利益的行为，无论是富裕群体还是普通百姓都应该积极参与。

参考文献

［1］阿瑟·刘易斯著. 施炜等译. 二元经济论［M］. 北京经济学院出版社, 1989.

［2］白菊红, 袁飞. 农民收入水平与农村人力资本关系分析［J］. 农业技术经济, 2003（1）: 16－18.

［3］白雪梅, 李莹. 教育对中国居民收入的影响分析——基于分位数回归和收入分布的考察［J］. 财经问题研究, 2014（4）: 11－18.

［4］曹金波, 杨成胜. 关于柴码村农民分化的研究［J］. 长沙铁道学院学报（社会科学版）, 2003, 4（4）: 17－20.

［5］陈会广, 单丁洁. 农民职业分化、收入分化与农村土地制度选择——来自苏鲁辽津四省市的实地调查［J］. 经济学家, 2010（4）: 85－92.

［6］陈会英, 周衍平, 赵瑞莹. 分化·动因·对策——中国农民职业分化问题探析［J］. 农业现代化研究, 1996, 17（5）: 258－262.

［7］陈家骥. 论中国农民的分化与流动［J］. 晋阳学刊, 1995（2）: 15－18.

［8］董树彬, 赵艳芳, 赵娜. 河北省农民分化状况与对策［J］. 石家庄经济学院学报, 2008, 31（1）: 40－44.

［9］方宇惟, 李绍荣. 教育的本质及其收入效应——来自城乡教育产出力的实证研究［J］. 云南财经大学学报, 2013（6）: 79－88.

［10］胡凤霞, 叶仁荪, 陆军. 教育、非正规就业与劳动力收入差异——基于动态面板数据模型的实证分析［J］. 江西社会科学, 2015（3）: 242－250.

［11］黄斌, 钟晓琳. 中国农村地区教育与收入——基于三省六县入户调查数据的实证研究［J］. 教育研究, 2012（3）: 18－26.

［12］姜长云．农村非农化过程中农户（农民）分化的动态考察——以安徽省天长市为例［J］．中国农村经济，1995（9）：50－56.

［13］金一虹．农村妇女职业分化研究［J］．学海，1995（2）：47－52.

［14］赖得胜．教育与收入分配［M］．北京师范大学出版社，2000.

［15］李宝元．教育与经济发展［M］．北京师范大学出版社，2000.

［16］李锋亮，Morgan，W. J，陈晓宇．绝对教育年限与相对教育位置的收入效应——对教育生产功能和信号功能的检验［J］．中国人口科学，2008（1）：67－73.

［17］林毅夫．制度、技术与中国农业发展［M］．三联出版社，1994.

［18］林元．当代中国农民的职业分化［J］．华东经济管理，2001，15（2）：20－21.

［19］刘中文，李录堂．浙江省农村人力资本投资效率实证分析［J］．农业经济问题，2010（3）：61－64.

［20］龙翠红．教育如何提高农户收入：基于配置效应和生产效应的视角［J］．经济科学，2012（3）：119－128.

［21］陆学艺．重新认识农民问题——十年来中国农民的变化［J］．社会学研究，1989（6）：1－14.

［22］戚斌．对陆良县农民职业分化的调查与研究［J］．云南学术探索，1995（4）：31－35.

［23］秦雯．农民分化——农地流转与劳动力转移行为［J］．学术研究，2012（7）：85－88.

［24］舒尔茨．吴珠华，等译．论人力资本投［M］．北京经济学院出版社，1990.

［25］宋英杰．受教育程度与农民增收关系的实证研究——基于省际面板数据的分析［J］．农业技术经济，2010（10）：50－57.

［26］孙志军．中国教育个人收益率研究：一个文献综述及其政策含义［J］．中国人口科学，2004（5）：65－72

［27］托达罗，印金强，等译．经济发展与第三世界［M］．中国经济出版社，1992.

［28］邢春冰，贾淑艳，李实．教育回报率的地区差异及其对劳动力流动

的影响 [J]. 经济研究, 2013 (11): 114 – 126.

[29] 徐辉, 黎东升. 教育型人力资本对农民收入影响的典型相关分析 [J]. 农业技术经济, 2011 (8): 44 – 49.

[30] 岳花艳. 农民分化背景下的新型农村社会养老保险模式探析 [J]. 现代农业, 2009 (11): 86 – 88.

[31] 张车伟. 人力资本回报率变化与收入差距: "马太效应" 及其政策含义 [J]. 经济研究, 2006 (12): 59 – 70.

[32] 张茜. 农村人力资本与农民收入的动态关系 [J]. 山西财经大学学报, 2007, 29 (3): 27 – 31.

[33] 张艳. 我国农民的职业分化与养老保障的路径选择——基于年龄分层视角的分析 [J]. 华中农业大学学报 (社会科学版), 2009 (6): 33 – 36.

[34] 中共中央政策研究室, 农业部农村固定观察点办公室. 对农民职业分化的调查 [J]. 中国农村经济, 1994 (3): 33 – 38.

[35] Adelman, I., & Morris, C. T. Economic Growth and Social Equity in Developing Countries [J]. American Political Science Association, 1973, 70 (1).

[36] Blishen, B. R. The Construction and Use of an Occupational Class Scale [J]. Canadian Journal of Economics & Political Science, 1958, 24 (4): 519 – 531.

[37] Díaz, B. Z. Different Impact Channels of Education on Poverty [J]. Estudios Gerenciales, 2010, 26 (114): 13 – 37.

[38] Duncan, O. D. The Study of Population: An Inventory and Appraisal [J]. Population, 1961, 14 (4): 763.

[39] Duraisamy, P. Changes in returns to Education in India, 1983 – 1994: by Gender, Age-cohort and Location [J]. Economics of Education Review, 2002, 21 (6): 609 – 622.

[40] Escobal, J. The Determinants of Nonfarm In-come Diversification in Rural Peru [J]. World Development, 2001, 29 (3): 497 – 508.

[41] Fane, G. Education and the Managerial Efficiency of Farmer [J]. Review of Economics & Statistics, 1975, 57 (4), 452 – 461.

［42］ Fane, G. Education and the Managerial Efficiency of Farmers ［J］. Review of Economics and Statistics, 1975, 57 (4): 452 - 461.

［43］ Ganzeboom, H. B. G. , Graaf, P. M. D. , Treiman, D. J. A standard international socio-economic index of occupational status ［J］. Social Science Research , 1992, 21 (1): 1 - 56.

［44］ Hawley, J. D. Changing returns to Education in times of Prosperity and Crisis, Thailand 1985 - 1998 ［J］. Economics of Education Review, 2004, 23 (3): 273 - 286.

［45］ Jamison, D. T. & Lau, L. I. Farmer Education and Farm Efficiency ［M］. Baltimore, MD: The Johns Hopkins University Press, 1982.

［46］ Jolliffe, D. The Impact of Education in Rural Ghana: Examining Household Labor Allocation and Returns on and off the Farm ［J］. Journal of Development Economics, 2004, 73 (1): 287 - 314.

［47］ Laszlo, S. Education, Labor Supply and Market Development in Rural Peru ［J］. World Development, 2008, 36 (11): 2421 - 2439.

［48］ Li, T. & Zhang, J. Returns to Education under Collective and Household Farming in China ［J］. Journal of Development Economics, 1998, 56 (2): 307 - 335.

［49］ Nee, V. A Theory of Market Transition from Redistribution to Markets in State Socialism ［J］. American Sociological Review, 1989, 54 (5): 663 - 681.

［50］ Nee, V. The Emergence of a Market Society : Changing Mechanisms of Stratification in China ［J］. American Journal of Sociology , 1996, 101 (4): 908 - 949.

［51］ Nelson, R. R. & Phelps, E. S. Investment in Humans, Technological Diffusion and Economic Growth ［J］. Studies in Macroeconomic Theory, 1966, 56 (1/2): 69 - 75.

［52］ Parman, J. Good Schools Make Good Neighbors: Human Capital Spillovers in Early 20th Century Agriculture ［J］. Explorations in Economic History, 2012, 49 (3): 316 - 334.

［53］ Reardon, T. , Berdegué, J. & Escobar, G. Rural Nonfarm Employment and Incomes in Latin America: Overview and Policy Implications [J]. World Development, 2001, 29 (3): 395 – 409.

[54] Schultz, T. W. The Economic Value of Education [M]. New York: Columbia University Press, 1963.

[55] Schultz, T. W. The Value of Ability to Deal with Disequilibria [J]. Journal of Economic Literature, 1975, 13 (3): 827 – 846.

[56] Tilak, J. B. G. Education and Its Relation to Economic Growth, Poverty, and Income Distribution: Past Evidence and Further Analysis [Z]. World Bank Discussion Paper 46. 1989, 25 (18): 127.

[57] Treiman, D. Index-Occupational Prestige in Comparative Perspective [J]. American Journal of Sociology , 1977, 85 (3): 511 – 514.

[58] Warunsiri, S. & McNown, R. The Returns to Education in Thailand: A Pseudo-panel Approach [J]. World Development, 2010, 38 (11): 1616 – 1625.

[59] Winters, P. , Davis, B. , Carletto, G. , Covarrubias, K. , Quiñones, E. J. , Zezza, A. , et al. Assets, Activities and Rural Income Generation: Evidence from a Multi-country Analysis [J]. World Development, 2009, 37: 1435 – 1452.

[60] Yamauchi, F. , Muto, M. , Chowdhury, S. , Dewina, R. & Sumaryanto, S. Are Schooling and Roads Complementary? Evidence from Income Dynamics in Rural Indonesia [J]. World Development, 2011, 39 (12): 2232 – 2244.

[61] Yang, D. T. Education and Allocative Efficiency: Household Income Growth During Rural Reforms in China [J]. Journal of Development Economics, 2004, 74 (1): .137 – 162.

[62] Yang, D. T. & An, M. Y. Human Capital, Entrepreneurship, and Farm Household Earnings [J]. Journal of Development Economics, 1997, 68 (1), 65 – 88.

[63] Zhang, L. , Huang, J. & Rozelle, S. Employment, Emerging Labor Markets and the Role of Education in Rural China [J]. China Economic Review, 2002, 13 (2): .313 – 328.

后 记

本书是本人从事博士后研究期间的最终成果。开展本书研究的动因是试图从农村居民职业能力提升的视角研究教育对农村居民增收的影响，以明晰教育是通过何种方式影响农村居民增收，以期为农村居民增收问题的解决提供理论参考和政策建议。

本书得到重庆市社科规划青年项目"精准扶贫背景下连片特困地区扶贫的教育支持研究"、重庆市教育科学规划重点项目"教育扶贫的绩效评价与政策优化研究"、自然科学基金"生计资本框架下农村贫困的代际传性、传递机理与阻断政策选择研究"、教育部人文社科青年基金项目"教育可得性对农村贫困代际传递影响效应研究：作用机理、综合测度与政策选择"项目经费以及西南大学博士后科研经费的支持。本书的出版获得了西南政法大学学术著作出版基金的资助。在书稿付印之际，特向在项目研究过程中给予过支持和帮助的相关单位和人士致以诚挚的谢意。

吴振华

2019 年 4 月